SAMUEL SADAUNE

LA PEUR
AU MOYEN ÂGE

Craintes, effrois et tourments
particuliers et collectifs

Editions OUEST-FRANCE

Dfin que bon
nourables et
nobles auen
tures faittes

et recorder histoires a mati
de grant coguoiste. Laquelle
deuisee en quatre parties
Mais ainc que ie la cō

AVANT-PROPOS
Comment parler de la peur au Moyen Âge ?

Pour répondre à une telle question, encore convient-il de rappeler que la notion même de Moyen Âge, qui persiste envers et contre tout, et qui consiste à penser que les hommes ont vécu de la même manière depuis Clovis jusqu'à Christophe Colomb, semble de plus en plus erronée. L'arrivée des bateaux vikings sur les côtes de France a provoqué les pires appréhensions, puis les pires terreurs pour les populations médiévales du Xe siècle, toutes classes confondues. Or, deux cents ans plus tard, qui pense encore aux Vikings ? Inversement, bien qu'ils aient connu des maladies et épidémies de toutes sortes, les contemporains des invasions venues du Nord semblent presque résignés à l'arrivée d'une énième pandémie. Alors qu'on sait l'effet qu'eut la peste noire au XIVe siècle sur les esprits comme sur les corps. Difficile donc d'unir des périodes aussi reculées les unes par rapport aux autres dans des peurs identiques.

Page de gauche
Jean Froissart écrivant. Ses *Chroniques* sont l'une des sources les plus utilisées par les médiévistes, que ce soit pour étudier la guerre de Cent Ans ou pour en savoir plus sur les mœurs de son temps. Mais cet écrit, très riche et très détaillé, a aussi ses limites : Froissart n'est pas un personnage représentatif de l'ensemble de la société, il ne subit pas autant que d'autres les malheurs du temps (dont il parle souvent de façon abstraite). Par ailleurs, ses préjugés le guident largement dans ses descriptions et explications.
Jean Froissart, *Chroniques*, vers 1470-1480. Paris, BnF, ms. fr. 86, f° 11. © BnF.

En haut
Honte, Peur et Danger attaquant Amour. En apparence simple roman allégorique, *Le Roman de la Rose* concentre dans ses pages l'ensemble des préoccupations de la fin du XIIIe siècle.
Guillaume de Lorris et Jean de Meun, *Le Roman de la Rose*, vers 1490-1500. Londres, British Library, ms. Harley 4425, f° 131v. © British Library.

L'autre grand problème qui se pose, quel que soit par ailleurs le thème abordé, est celui des sources. Celles-ci, peut-on dire, sont de quatre ordres : le premier concerne l'administratif. Ce serait, en fin de compte, le plus fiable, mais s'il traite de beaucoup de sujets et aide à reconstituer un contexte, la peur n'y joue pas un très grand rôle.

En second viennent les sources d'ordre religieux. Cela va du récit eschatologique (Apocalypse) au récit apologétique (*Vie d'un saint*), en passant par le traité théologique (écrits de saint Anselme ou de saint Thomas d'Aquin). S'il est évident que les sujets de réflexion de ces deux grands penseurs sont loin d'avoir influencé l'ensemble de la population européenne, en revanche, bon nombre des récits des deux premiers genres sont connus de toutes les classes sociales et participent de leur imaginaire. Ils sont orientés généralement vers un même type de crainte qu'il est nécessaire d'avoir selon l'Église : celle des flammes de l'Enfer et des fourberies de Satan, le reste en découlant, que ce soit les angoisses de la nuit ou la méfiance de l'« autre ».

La troisième série est historique : il s'agit de ces innombrables *Histoires, Mémoires, Chroniques* qui jalonnent ces dix siècles et qui devraient donc, puisqu'il s'agit de rapporter ce qu'on a vu ou connu, être la principale source pour mener une telle enquête. Mais si ces documents sont précieux pour retrouver trace du contexte (épidémies, guerres, cataclysmes), il faut en revanche s'en garder lorsqu'il s'agit d'en tirer des conclusions sur les pensées et réactions de leurs contemporains : d'abord, beaucoup d'auteurs de ces *Mémoires* parlent par ouï-dire d'événements qui ont eu lieu bien avant leur naissance ou en des lieux où ils n'ont jamais mis les pieds. Ensuite, il y a le respect de certaines formes, de certains topos littéraires : il est d'usage de raconter certains événements en utilisant des formules bien rodées. La façon dont on retrouve les mêmes termes pour parler d'une inondation ou des désastres de la guerre en dit long sur la fiabilité de tels témoignages – en même temps, il n'existe sans doute pas cent manières de dire qu'il a fait un hiver particulièrement rigoureux ou que la guerre fait décidément

beaucoup de ravages. En revanche, les réactions des gens face à ces catastrophes, quand on prend la peine d'en parler (ce qui est peu courant avant le XIII⁰ siècle), tournent toujours autour de gémissements, de lamentations. Plus largement, le chroniqueur se contente le plus souvent de remarquer que c'était là signe de colère divine du fait des multiples péchés des hommes.

Reste la quatrième série de sources, qu'on appellera artistique pour faire simple. Autrement dit, aussi bien la poésie lyrique des troubadours que le récit satirique genre *Roman de Renart,* aussi bien une *Queste du Graal* qu'un *Jeu de la feuillée.* Là aussi, on se heurte contre de multiples écueils, les deux principaux étant que ces textes n'échappent pas, bien au contraire, aux topos obligés, et surtout que, étant fictifs, par définition ils ne sont pas censés nous raconter la vérité sur leur époque.

Par ailleurs, le principal piège qui guette quiconque enquête sur cette époque, n'est-il pas de le faire avec ses préjugés du XXI⁰ siècle, qui le font considérer tous ces « Moyen Âgeux » comme des barbares ignares et superstitieux qui voient des sorcières et de la colère divine partout ? Il est d'ailleurs tout aussi nuisible de considérer que le « peuple » médiéval serait une sorte de « masse » dans laquelle régnerait une seule façon de penser, d'appréhender, de réagir.

On imagine donc la difficulté de reconstituer un tableau cohérent sur la façon dont ces « gens du Moyen Âge » (pour reprendre un terme de Robert Fossier) percevaient le mendiant, le fou, la maladie ou la grêle. Du reste, une tentative similaire a déjà été faite – en partie. En 1978 était éditée la somme de Jean Delumeau, intitulée *La Peur en Occident,* qui balise la plus grande partie du terrain et pose de nombreuses interrogations, de nombreux jalons. Certes, l'ouvrage couvre la période allant du XIV⁰ au XVIII⁰ siècle et n'aborde pas exactement les mêmes thèmes que le nôtre. Il n'en reste pas moins un indicateur qui s'est révélé des plus précieux pour se lancer dans cette folle aventure.

Une aventure qui avait de quoi faire peur à son auteur ; et qui doit nous inciter à nous y lancer à notre tour, sans crainte.

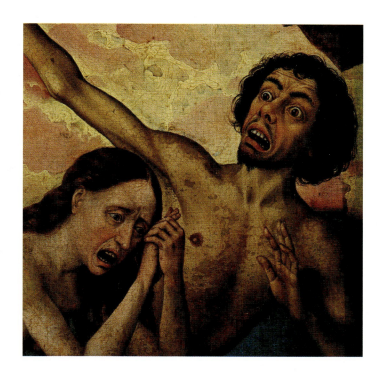

INTRODUCTION
Qu'est-ce qui fait peur au Moyen Âge ?

Jean Delumeau, dans *La Peur en Occident*, pose dès l'abord la présence d'une dualité contre laquelle il s'est heurté (mais qu'il a réussi brillamment à aborder) : celle qui oppose les peurs individuelles et les peurs collectives. Lorsque l'on pose la question : « Qu'est-ce qui fait peur au Moyen Âge ? », il faut déjà parvenir à démêler les sujets de crainte qui traversent réellement toute la société, et ceux qui ne concernent que certaines classes, ou qui tiennent à la personnalité de l'individu. Ce sont bien entendu les peurs en rapport avec le quotidien, la vie personnelle et professionnelle, qui sont le plus visées par ce type de réflexion. Aussi, à plusieurs reprises dans cet ouvrage, on ne manquera pas de montrer les périls engendrés par la vie quotidienne, et en même temps de relativiser les

Un prêtre bénissant des moines pestiférés.
Jacobus Anglicus, *Omne Bonum*, 1360. Londres, British Library,
ms. Royal 6 E VI, f° 301. © British Library.

conséquences sur le psychisme de l'individu de l'imminence constante de ces périls. Après tout, dans notre société, nous risquons à tout instant l'accident de voiture. Pour autant, combien sommes-nous à avoir peur lorsque nous montons dans notre véhicule ? Voilà la difficulté de repérer une menace réelle et constante, et d'en tirer la conclusion qu'elle a donc dû engendrer une peur commune parmi la population. La prudence est forcément de rigueur.

On peut d'ailleurs ajouter une autre dualité, également relevée par Delumeau : celle qui sépare les peurs provoquées par un événement et les peurs ancrées en soi. Les premières sont assez repérables ; comment parler des secondes, quelle trace en reste-t-il ? Autre sujet de réflexion qui apparaîtra tout au long de ces pages.

D'où l'importance du vocabulaire utilisé et de la sélection faite. Une *appréhension*, un *affolement* et une *terreur* ne désignent pas du tout la même chose.

Bien entendu, répartition n'est pas forcément raison. Pour prendre un exemple illustre, la peste noire entraîne une peur basée sur un fait authentique, qui a d'ailleurs pesé sur le collectif (et donc, sur l'individu) ; en même temps, on peut songer qu'à partir de 1349, il y a dû y avoir bien des peurs instinctives de voir la peste

surgir, notamment dès qu'un malade était signalé dans la ville, quels que fussent les symptômes de la maladie. Donc, un fait tout ce qu'il y a de plus rationnel peut provoquer des peurs tout à fait irrationnelles. Nouvelle difficulté d'évaluation pour un auteur du XXIe siècle, qui veut juger de l'impact de l'événement, et surtout de la valeur de cet impact, sur une population.

Par ailleurs, lorsqu'on déclare qu'au Moyen Âge, on a peur de l'inexplicable, on n'a rien dit. Car la notion d'inexplicable n'est justement pas applicable à cette période : tout est explicable puisque tout provient de Dieu, simplement tout n'est pas forcément compréhensible par tous. Si l'indescriptible, l'imprévisible, l'inhabituel font peur, c'est parce qu'on a tendance à penser que Dieu est linéaire dans ses bons jours, et surprenant dans ses mauvais. Ce qui relève du cours normal des choses est naturel, donc vient de Dieu. Ce qui relève de l'anormal, en revanche, un handicap à la naissance, un cataclysme, provient toujours de Dieu, mais un Dieu en colère, qui a même pu se servir du Diable, qui n'est jamais qu'une de ses créatures.

On voit donc se préciser ces différentes délimitations : il y a la peur qui repose sur des faits quotidiens (j'ai peur de ne pas pouvoir nourrir ma famille demain

8

car cela a été dur aujourd'hui) ; la peur qui repose sur l'expérience, même si dans l'immédiat rien n'indique qu'on a des motifs d'avoir peur (j'ai peur qu'il y ait encore cette année une mauvaise récolte, car l'année dernière cela a été le cas) ; enfin, une peur qui vient de nos connaissances théoriques mais qui concerne des sujets que nous pourrions ne jamais connaître (j'ai peur du Diable bien que je ne l'aie jamais rencontré, j'ai peur de la guerre bien que je vive dans une région en paix).

À cela s'ajoute un phénomène qui n'a pas toujours été assez pris en compte, y compris par Jean Delumeau : l'impression de régression généralisée. Ce phénomène, bien perçu par Mikhaïl Bakhtine, et qui nous fait remonter à Hésiode, tend à donner l'impression que l'âge d'or était avant, et que depuis, le monde est en constante régression (une impression que nous continuons à subir de nos jours et qui déclenche un pessimisme ambiant qui laisse penser qu'un jour on écrira un ouvrage qui s'intitulera : « La peur au XXIe siècle »). Les différentes catastrophes réelles, et d'autres plus ou moins légendaires, seraient des signes annonciateurs ou avant-coureurs de cette régression de plus en plus rapide qui conduirait le monde vers l'Apocalypse (?).

Or, aussi surprenant que cela puisse paraître, cette impression généralisée (en tout cas dans les milieux qui peuvent l'exprimer) provient probablement de la même cause qui fait que notre époque ressent aussi cette impression : des changements de structures sociales. Alors qu'aujourd'hui, c'est la mondialisation économique qui l'emporterait sur le centralisme d'État, à partir du XIIIe siècle le centralisme d'État l'emporte sur la féodalité : la figure du roi homme politique l'emporte sur celle du roi chevalier. À Saint Louis succède Philippe le Bel (ou plus précisément, à l'image qu'on se faisait de Saint Louis succède celle qu'on se fait de Philippe le Bel). Le chevalier, si vaillant soit-il, avec son idéal d'honneur si prisé jusqu'alors, perd régulièrement toutes les batailles rangées ; alors que les fantassins, issus de couches plus modestes, deviennent si indispensables qu'ils sont à l'origine d'une armée de métier qui commence à voir le jour en cette fin de Moyen Âge.

Bref, les temps changent et les repères habituels s'effondrent.

Pour autant, l'homme vit-il dominé par la crainte ? Est-il tourmenté, ou stressé (le mot n'apparaît dans le langage médical que dans les années 1950) ? Ou simplement connaît-il la règle du jeu, les risques et périls qu'il va ressentir chaque jour au lever, mais pour autant

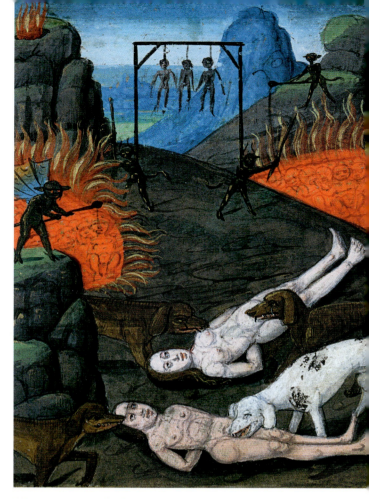

Voleurs torturés par des chiens. Ainsi est représentée la punition réservée aux pillards en enfer.
Jean Charlier de Gerson, *Le Trésor de Sapience*, début du XVe siècle. Chantilly, Musée Condé, ms. 147, fº 29. © AKG.

ne va pas dévier de sa route, que celle-ci le mène à labourer un champ ou à ouvrir sa boutique ? Et n'y a-t-il pas une sorte de satisfaction à l'idée que tout faible que l'on soit, on est parvenu, au bout de cette journée, à contrer, à contourner, à éviter tous ces périls, qu'on a réalisé le but qu'on s'était donné pour aujourd'hui ? L'homme est ainsi fait (ce qui le diffère de l'animal) qu'il a besoin de se donner des buts, des étapes, des balises et que chaque fois qu'il en atteint ou en franchit une, c'est comme une victoire à ses yeux. Aussi, on peut s'interroger sur le rôle que jouent toutes ces illustrations qui représentent des cataclysmes, multiples périls de toutes sortes. Bien plus que pour faire peur aux gens ou pour servir de témoignages (beaucoup de ces périls proviennent de récits légendaires), ne peut-on y voir des allégories de l'homme toujours en lutte contre la nature et le temps, et obtenant malgré tout des petites victoires accumulées… jusqu'au jour où, hélas, la défaite aura eu lieu, inéluctable !

LES PEURS
DU QUOTIDIEN

Existe-t-il d'ailleurs *un* quotidien, pour l'homme médiéval ? Ou cette idée n'est-elle qu'un de ces concepts globalisants de plus que fabrique l'historien du XXIe siècle pour mieux aider à se représenter une période si gigantesque et des personnes dont nous ne savons finalement que si peu de chose ? En général, c'est la notion de labeur qui nous aide à déterminer les types de personnes et leur type de journée. Le laboureur dans les champs, le marchand dans sa boutique, le seigneur dans son château… Or, la paysannerie, dès Charlemagne, propose une variété considérable de professions qui fait qu'un même personnage peut passer du statut de serf à celui d'homme libre (et parfois suivre le sens inverse, hélas !), de celui d'homme miséreux à celui d'homme plutôt aisé. Ne parlons pas de l'inextricable palette de situations au XVe siècle. Et qu'en est-il des épouses, des enfants, des vieillards ?

En fait, si rude et redoutable soit-il, l'homme médiéval n'a pas peur de son quotidien, il s'y est habitué, il sait comment il faut faire pour survivre à chaque journée, même si le moment venu, les choses sont loin d'être faciles. Il lui faut se méfier de tout, du climat, d'un outil cassé, de la femme qui est autre, de l'arrivée éventuelle de brigands, d'un accident ou d'un incendie. Non sans ironie, le poète Rutebeuf décrit un quotidien qui n'a rien de biographique, mais qui pourrait être celui de tant d'autres personnes : « Ma femme vient d'avoir un enfant ; mon cheval s'est cassé une patte contre une barrière ; maintenant la nourrice veut de l'argent (elle m'étrangle, elle m'écorche) pour nourrir l'enfant, sinon il reviendra brailler dans la maison. » (*La Complainte de Rutebeuf sur son œil*). Mais cela ne signifie aucunement qu'il vive dans une angoisse perpétuelle en songeant à tout cela. Lorsque nous allons exposer quelques-uns de ces moments où, cette fois, la peur peut tenailler des êtres, il faudra toujours se rappeler qu'il s'agit de moments – de courts moments – dans la vie : il n'est jamais question de généraliser ces moments.

Toutefois, dans sa *Consolation de Philosophie*, Boèce remarque que « la condition du bonheur des hommes est source d'inquiétude : il ne vient jamais entièrement ou bien ne se maintient jamais continuellement ». Et de citer l'exemple de celui qui est riche, ou de celui qui est heureux en ménage, mais qui tous parviennent à s'inventer des tourments, parfois imaginaires. Et de dire que « les plus heureux ont aussi la sensibilité la plus délicate et que s'ils ne disposent pas de tout au premier signe de la tête, la moindre contrariété les abat : ainsi, ce sont les plus petits incidents qui enlèvent aux plus fortunés leur bonheur suprême ! ».

 # Accidents, incidents et incendies : les petits dangers au quotidien

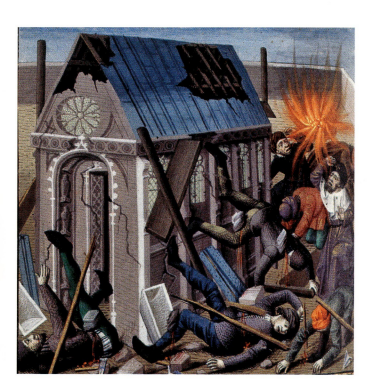

À notre époque du fantasme sur le « risque zéro », nous nous sommes habitués à l'idée qu'en cas d'accident, une prise en charge nous tomberait du ciel… et du porte-monnaie. Une telle atténuation des conséquences n'existe bien sûr pas au Moyen Âge, ce qui est d'autant plus grave qu'on ne soigne pas non plus aussi facilement les séquelles d'un accident qu'aujourd'hui. Quand on se souvient de la longue déchéance de Coupeau dans *Gervaise*, suite à sa chute du toit, alors que l'histoire a lieu tout de même au XIXe siècle, on imagine le sort d'un laborieux qui perd un bras, tombe gravement malade au Moyen Âge. Son sort, mais aussi celui de la famille. Imaginons un incendie qui éclate dans la maison. À cette époque, le foyer principal est à l'étage pour les maisons les plus aisées, et dans l'unique pièce pour celles des paysans les plus modestes.

Châtiment des ouvriers du Temple. Même lorsque l'image et la parabole semblent appartenir à l'histoire biblique, les illustrations demeurent un reflet des préoccupations du quotidien. Les accidents du travail sont fréquents sur les chantiers de l'époque, les protections étant peu nombreuses. Vincent de Beauvais, *Miroir historial*, 1463. Paris, BnF, ms. fr. 51, f° 145v. © BnF.

Incendie de Tarse en 333 avant J.-C. Sous couvert de retracer un épisode de la carrière d'Alexandre le Grand,
c'est bien d'une scène de la vie quotidienne dont il est question ici ainsi que des faibles moyens dont on dispose face à un incendie important.
Quinte-Curce, *Histoire d'Alexandre le Grand*, vers 1470-1480. Paris, BnF, ms. fr. 47, f° 44v. © BnF.

Autant dire qu'en cas d'une flammèche mal éteinte, tout le bâtiment va être concerné. De plus, il peut y avoir d'autres foyers plus modestes au rez-de-chaussée. Des fouilles archéologiques ont démontré que les cheminées parallèles et les conduits séparés sont choses courantes dans les maisons du XIVe et du XVe siècle. Autant dire que les feux peuvent être multiples dans une seule demeure… et les incendies nombreux. L'incendie peut d'ailleurs venir de l'extérieur. Les encorbellements, les auvents, toutes ces avancées des étages supérieurs en direction de la chaussée, en plus de cacher un peu plus la clarté, représentaient une menace : selon une décision du conseil communal d'Avignon, en octobre 1373, « un homme passant la nuit avec une torche pour s'éclairer pouvait mettre le feu à la maison et à tout le quartier » (J. Heers). S'il est difficile d'interdire aux boulangers ou aux rôtisseurs de posséder des fours, en revanche on réglemente l'entassement de bois devant les maisons.

Mais, donc, si un incendie éclate, c'est toute la maison, toute la boutique qui brûle ! En supposant que les flammes n'aient pas emporté les habitants au passage, ceux-ci se retrouvent totalement démunis.

On comprend que même s'il n'y a pas de victime, un incendie volontaire soit considéré comme un crime de sang : autrement dit, punissable de la peine de mort. Chose surprenante, tel est l'attrait du bois (plus économique et préféré à la pierre car plus facile à travailler), qu'à la suite d'un incendie, on reconstruira tout de même la maison, le pont, le quartier en bois.

Ceci, c'est bien entendu l'image la plus noire, la plus catastrophique de ce genre de situation. En cette période, on n'est pas plus bête qu'en une autre, on sait que ce genre de péripétie peut arriver, même si on ne vit certainement pas du matin au soir dans la hantise d'un tel événement. Mais on sait s'organiser lorsque cela a eu lieu et on se résigne à cet état de fait.

Il faut d'abord se souvenir qu'il y a à cette époque une solidarité, une confraternité, entre membres d'une même famille ou de la même profession, qui vaut les Europe Assistance ou autres dépannages mutualisés de notre temps. Disons que si au Moyen Âge on peut mourir de faim parce qu'on est seul au monde et sans moyens d'existence, d'abord ce n'est pas une fatalité ; ensuite, quelqu'un qui vit au sein d'une communauté a fort peu de chance de mourir dans l'isolement, oublié par ses voisins ou ses proches. Il ne s'agit même pas de dire qu'on était alors moins égoïste ou individualiste, d'en faire soudainement une période formidablement généreuse : simplement, il est inconcevable pour la corporation des boulangers, ou des bouchers, qu'un de ses membres qui aurait eu un accident de travail puisse être laissé à l'abandon : on viendra aider à la boutique du collègue, soutenir l'épouse qui aura peut-être pris provisoirement sa place ; si un soutien de famille tombe malade, son frère va prendre la relève quelque temps ; si la maison du voisin a brûlé, on aide à la rebâtir. Ces choses vont de soi, et elles sont rappelées par le curé, le moine, le prieur, voire l'évêque si l'accident ou l'incendie concerne tout un groupe. On a si souvent – et malheureusement à juste titre – rappelé et dénoncé les mauvais côtés de l'Église en tant qu'institution, qu'on finirait par oublier qu'elle a joué un rôle primordial pour la bonne sûreté des biens et des personnes. Combien d'accidentés du travail qui ont été soignés dans le monastère, nourris dans la cathédrale ? Des ordres religieux, mais également des confréries corporatives vont établir des systèmes d'entraide mutuelle et de caisses d'assistance (principalement à partir du XIIIe siècle) qui vont permettre d'éviter la mise au rebut de ces accidentés de la vie. Mais pour combien de temps ? Et tout le monde peut-il en bénéficier ?

Ci-dessus
Le thème de l'infirmité revient assez fréquemment dans les livres illustrés de l'époque, comme élément d'ornement. Est-ce parce que les marges doivent forcément comprendre une « ineptie » de la nature (au même titre qu'un animal anthropomorphe) ou, au contraire, parce qu'elles doivent aussi rendre compte de phénomènes courants (le nombre élevé de malheureux ayant perdu l'usage d'un de leurs membres) ?
Livre d'heures de Catherine de Rohan et de Françoise de Dinan, vers 1450-1455. Rennes, BM, ms. 34, f° 90. © IRHT-CNRS.

Page de droite
Cette enluminure relate la noyade de Marotte, âgée de 3 ans. Marotte est gardée par son grand frère dans l'arrière-cour de la maison, mais ce dernier quitte son poste. Livrée à elle-même, la fillette tombe dans la rivière. Son corps dérive jusqu'au lavoir ; une lavandière l'aperçoit et appelle à l'aide. Des voisins repêchent alors l'enfant, la suspendent par les pieds et appuient sur son abdomen pour lui faire recracher l'eau avalée. Une fois guérie, la petite fille est emmenée par sa mère au sanctuaire de Saint-Denis pour faire enregistrer sa guérison considérée comme miraculeuse.
Vie et miracles de monseigneur saint Louis, 1482. Paris, BnF, ms. fr. 2829, f° 98v.

Autre miracle.
ne petite fillette de
trois ans nommee
marote fille dune
femme nommee troyssant
tamas demourant audit lieu
de Saint denis enfuncz Le
mardi de karesme prenant
en lan mil ccc iiij z vij. apres
disner yssit dela maison et
entra en vne petite court.
au bout delaquelle court il

y passe vng ruisseau apelle
tuillon. Ladite fillette se arre
sta grant piece en icelle court
avecques vng sien frere nom
me symon. Ledit symon se par
tit de ladite court. z y laissa
sadite seur. Laquelle print
vng petit pot z audit aler
puiser de leaue en ce petit pot
mais elle chey dedens icelui
ruisseau. ouquel leaue lempor
ta plus loing que toute legle

Les intempéries. La beauté de cette image reflète en même temps
le caractère mystérieux des phénomènes climatiques.
Barthélemy l'Anglais, *Le Livre des propriétés des choses*, vers 1445-1450. Paris, BnF, ms. fr. 136, f° 4v.

 # Le climat

S'il est un souci, sinon une crainte, qui relie les hommes de toutes les époques et de tous les continents, c'est bien celui du climat. Le temps qu'il fait, de la simple pluie jusqu'au déluge, a un rôle crucial dans nos existences parce que du temps dépendent les récoltes, et des récoltes dépend notre nourriture. C'est si vrai que les textes bibliques sont emplis d'allusions aux effets néfastes du mauvais temps : le Déluge, à l'origine de l'arche de Noé, dans l'Ancien Testament ; ou les différentes plaies de l'« Apocalypse » dans le Nouveau Testament, grêles, tempêtes et cataclysmes climatiques ne cessent de s'accumuler et étaient sans doute bien plus parlantes pour les lecteurs ou auditeurs de ces lectures que les différents animaux ou monstres tout aussi nombreux dans ces écrits.

De ce fait, il n'est aucune chronique de ces temps médiévaux qui ne soit en même temps un relevé des phénomènes climatiques, que ce soit au niveau de la température ou de la pluviosité. Dans son ouvrage sur *Ces gens du Moyen Âge*, Robert Fossier rappelle qu'on a relevé 3500 occurrences sur le sujet dans les ouvrages relatant les événements de ces dix siècles.

Sans être chroniqueur, Jean de Meung, l'auteur de la seconde partie du *Roman de la Rose,* véritable somme encyclopédique, présente une magnifique description d'une inondation et de la manière dont on pouvait se la représenter à l'époque (XIIIe siècle) : « [Les cieux] font à divers moments pleurer l'air à grosses larmes, et les nuées en éprouvent une si vive pitié qu'elles se dépouillent toutes nues et ne prisent la valeur d'un fétu le noir manteau qu'elles ont revêtu ; elles se laissent aller à une si profonde douleur qu'elles le déchirent et le mettent entièrement en pièces : elles l'aident de cette façon à pleurer, comme si on allait les faire périr ; et

Vœu d'Eudes III lors d'une tempête au cours de son voyage à Jérusalem.
Pendant que des diables cassent le mât du navire,
le duc fait vœu de « faire une chapelle en sa maison à Dijon » mettant ainsi fin à la tempête.
Fondation de l'hôpital du Saint-Esprit de Dijon en images, vers 1450-1460.
Dijon, CHU, ms. AH 4, f° 17. © IRHT-CNRS.

La septième coupe de la colère de Dieu, citée par l'Apocalypse,
déverse des fléaux climatiques sur le monde : en l'occurrence, la grêle.
Apocalypse glosée, vers 1250. Paris, BnF, ms. fr. 403, f° 32v. © BnF.

elles pleurent si intensément, si fort et si dru qu'elles font sortir les fleuves de leur lit et les font se disputer avec les champs et les forêts voisines par leurs crues excessives qui condamnent souvent les blés à périr et font renchérir la vie : les pauvres qui les labourent pleurent alors l'espérance perdue. »

Face à de tels phénomènes, toutefois, les hommes médiévaux ne peuvent que se résigner et subir. Robert Fossier estime qu'il ne leur servait à rien de s'alerter quotidiennement ou d'essayer de prévoir, car « le caractère imprévu et inévitable de ces "accidents" relève de l'inconnaissable, donc de la Divinité ». Ce qui n'est pas tout à fait vrai, en réalité. Certes, il est probable que le paysan travaillant dans les champs avait suffisamment à faire pour tenter de sauver ses récoltes pour ne pas se lancer dans de longues réflexions philosophiques.

Il n'en reste pas moins qu'à défaut d'y pouvoir quelque chose, on se questionne. Telle tempête de grêle, telle quinzaine de pluie incessante, telle vague de chaleur qui grille les récoltes, n'est-elle pas la conséquence de faits qui auraient provoqué la colère divine ?

Il est intéressant de constater que, dès le XIIIᵉ siècle, Jean de Meung donne aux phénomènes climatiques une explication naturelle et se moque de ceux qui y cherchent une intervention diabolique. Parlant des tempêtes capables de déraciner les arbres, il écrit : « Aussi dit-on que ce sont les diables qui le font avec leurs crocs et leurs machines, leurs ongles ou leurs crochets : mais de telles fables ne valent pas deux navets et les démons sont injustement soupçonnés, car il n'y a pas d'autre cause à ces dégâts que les tempêtes et les vents. » Ce qui n'empêche pas le fait que, comme tous ses contemporains, Jean de Meung attribue à Dieu la création de tous ces phénomènes. Mais il semble indiquer aussi une origine « naturelle », et pas exclusivement « surnaturelle » de ces incidents climatiques.

Dans un des livres les plus étonnants de cette époque, le *Journal du Bourgeois de Paris,* l'auteur s'interroge à ce sujet. Il suffit d'ailleurs de lire chaque occurrence de mauvais temps pour constater que les gens de cette époque ne sont jamais tout à fait blasés. Certes, la formule que le Bourgeois utilise pour signaler par exemple, en juin 1411, « qu'il grêla, venta, tonna, fit des éclairs le plus fort qu'on ait jamais vu de mémoire d'homme », a quelque chose de standardisé. Dans toutes les chroniques, et dans maintes pages du *Journal,* la tempête ou l'orage sont toujours stupéfiants et atteignent toujours une force, une intensité qu'on

n'avait jamais vues jusque-là. Toutefois, le Bourgeois de Paris, s'il utilise cette formule de convention, n'en signale pas moins des événements qui sont loin d'être si banals et qui ont pu réellement le perturber. Ainsi, en l'an 1409, à la mi-août, il signale qu'il fit un tel tonnerre que « furent deux hommes tempétés, dont l'un fut tué tout mort, et ses souliers et ses chausses, son vêtement furent tout déchirés ». Durant l'hiver 1421, « l'hiver fut si long et si divers qu'il faisait très grand froid jusqu'en la fin de mai, et en la fin de juin n'étaient pas les vignes encore fleuries […] et furent en cette année trouvés à Paris en aucuns lieux scorpions qu'on n'avait point en ce temps accoutumé à voir ». « Et en bonne vérité il fit le plus long hiver qu'homme eût vu, passé avait quarante ans, car les fériés de Pâques il neigeait, il gelait et faisait toute la douleur de froid qu'on pouvait penser. »

Les quatre éléments et les quatre humeurs, l'être humain au centre. Depuis Hippocrate, on considère que le corps humain est la représentation microcosmique de l'univers (macrocosme). Il y a quatre éléments comme il y a quatre saisons, quatre types de climat et quatre humeurs qui jouent sur la santé de l'homme.
Barthélemy l'Anglais, *Le Livre des propriétés des choses,* vers 1445-1450. Paris, BnF, ms. fr. 135, f° 91.

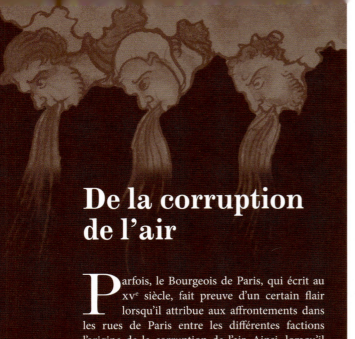

De la corruption de l'air

Parfois, le Bourgeois de Paris, qui écrit au XVe siècle, fait preuve d'un certain flair lorsqu'il attribue aux affrontements dans les rues de Paris entre les différentes factions l'origine de la corruption de l'air. Ainsi, lorsqu'il signale que plus de cent mille personnes se mirent à tousser, perdirent l'appétit et le repos. S'ensuivirent moult décès.

Le Bourgeois ne connaissait pas la coqueluche (mais devait malheureusement être familier avec les symptômes). Or, comme il fut fréquent pendant quelques années de voir des cadavres s'entasser dans les rues de Paris au cours des affrontements entre les Cabochiens (nom donné aux bouchers, partisans des Bourguignons) et les autres corporations favorables aux Armagnacs dans les années 1413, il n'est finalement pas exclu que ces luttes soient à l'origine des impuretés de l'air. En tout cas, dans les traités de médecine du temps, le lien entre l'air et les épidémies est systématiquement fait.

Du reste, l'activité humaine peut vraiment être à l'origine des impuretés de l'air. Jean Gimpel rappelle qu'au cours du dernier quart du XIIIe siècle, Londres est devenu la première ville du monde à souffrir de la pollution atmosphérique : « En 1285 et 1288, on mentionne des plaintes dénonçant les fours à chaux qui infectent et corrompent l'air de la cité. » La population londonienne, toutes classes confondues, se plaint auprès du roi mais en dépit d'interventions fréquentes, l'utilisation du charbon n'a jamais vraiment été freinée et Londres a continué à connaître cette impureté de l'air, laquelle fait redouter l'apparition de maladies, d'épidémies.

Une femme est frappée par la foudre, en présence de saint André.
Vincent de Beauvais, *Miroir historial*, 1463. Paris, BnF, ms. fr. 50, f° 332. © BnF.

Page de droite
Les vents soufflent sur les quatre coins d'un paysage merveilleux ceint par la mer.
Avicenne, *De Medina Fen*, XVe siècle. Glasgow, University Library, ms. Hunter 9, f° 47v. © Bridgeman.

Or, ces situations qui ne semblent pas si naturelles que cela au Bourgeois ont pour lui une explication : ce sont les divisions politiques des grands, les affrontements incessants entre les Armagnacs et les Bourguignons, mais aussi entre les Français et les Anglais, qui sont à l'origine de la colère divine.

Mais au fait, à quel climat a-t-on affaire, au Moyen Âge ? Jusqu'au XIIIe siècle, on peut dire grosso modo qu'il était plus doux que le nôtre. À partir du XIVe siècle, la température baisse dans toute l'Europe et les pluies semblent plus nombreuses.

Si aujourd'hui nous expliquons nos changements climatiques par la pollution, les effets de serre et autres activités destructrices de l'homme, au Moyen Âge, tout phénomène climatique est forcément dû à Dieu qui l'a voulu ainsi.

La famine

A lors que longtemps, on s'en était tenu aux guerres et aux maladies (surtout la peste noire) concernant les cataclysmes du Moyen Âge, depuis quelques décennies les historiens se rendent compte du rôle primordial qu'ont joué les famines à certaines périodes.

Dans son ouvrage sur les *Ombres et lumières* au Moyen Âge, Jean Verdon a déjà établi un relevé des différentes famines durant cette période. Il y en aurait eu trois durant l'époque mérovingienne, quatre pour la période carolingienne, onze de l'an mil à 1350. En fait, à partir du XIe siècle, on peut considérer que chaque génération connaît une importante famine (une moyenne de tous les vingt ans, parfois plus fréquemment encore). Très symboliques sont celles des années 1090, car il n'est pas impossible que l'appel à la croisade du pape Urbain II se soit en partie appuyé sur le mauvais rapport entre des cultures insuffisantes et les populations de plus en plus nombreuses : pour échapper au manque de nourriture, autant partir vers les riches terres d'Orient. Sans compter que ces famines peuvent être un signe de colère de Dieu : après tout, l'un des quatre cavaliers de l'Apocalypse n'est-il pas chargé de répandre la famine partout où il passe ? Partir en croisade peut être une façon de mettre fin à la colère divine.

Allégorie de la faim. On meurt de faim aussi bien en Angleterre qu'en France, les deux royaumes les mieux organisés d'Occident. Toutefois, l'intervention des moines et des mesures préventives de la part des gouvernements royaux font que le phénomène est en général rapidement enrayé et demeure le plus souvent localisé. Guillaume de Lorris et Jean de Meun, *Le Roman de la Rose*, vers 1350-1360. Paris, Bibliothèque Sainte-Geneviève, ms. 1126, f° 71v. © IRHT-CNRS.

Encore un de ces ornements qui, sous couvert d'amuser, montrent les cruautés du quotidien.
Le mendiant ne suscite pas toujours la compassion au Moyen Âge. Ici, un homme vole sa pitance à un aveugle.
Bernard de Parme et Raymond de Penafort, *Décrétales de Grégoire IX*, vers 1300-1340. Londres, British Library, ms. Royal 10 E IV, f° 217v. © British Library.

Il n'est pas rare de représenter des populations entières touchées par la famine.
Ici, il s'agit d'une famine due à la guerre, plus précisément au siège de Jérusalem.
Flavius Josèphe, *Guerre des Juifs*, vers 1470. Paris, BnF, ms. NAF. 21013, f° 262v. © BnF.

Durant cette période, la misère devient si grande par endroits, particulièrement en Angleterre, au nord du Rhin et dans l'actuelle France, que les monastères ne peuvent plus jouer leur rôle, qui n'est guère éloigné de celui des Restos du cœur d'aujourd'hui : les moines sont censés distribuer le pain aux pauvres.

Au XIIᵉ siècle, les famines sont moins nombreuses : ce qui s'explique par l'adoucissement du climat et le progrès des techniques agricoles (telles la herse et la charrue dissymétrique avec versoir), deux phénomènes qui permettent de nourrir une population qui ne cesse pourtant d'augmenter. Mais lorsque les famines surviennent, c'est la catastrophe. D'autant que les causes des mauvaises récoltes sont variées : une année on peut trouver les récoltes grillées faute d'eau. Puis, l'année suivante, des séries de pluies diluviennes les noient.

Pendant la famine de Jérusalem, une femme juive (Marie de Bathéchor ?) fait cuire son enfant et le dévore. Là aussi, la parabole pourrait recouvrir la dure réalité de l'actualité. Y a-t-il vraiment eu des mères infanticides et cannibales ? Ou s'agit-il d'un fantasme qui ne ferait que pousser au paroxysme des situations réelles : celles de populations affamées mangeant des morts ?
Jean Boccace, *Des cas des nobles hommes et femmes*, XVe siècle. Paris, BnF, ms. Ars. 5193, f° 309v. © BnF.

Pour le paysan, pour la population, la peur vient du ciel. Tout le monde est d'autant plus concerné que des spéculateurs parviennent à acheter du blé pour le revendre beaucoup plus cher, provoquant ainsi l'appauvrissement d'une partie de la population, cependant qu'une autre partie meurt littéralement de faim (ce genre de situation était déjà dénoncé par Grégoire de Tours pour la famine de 585). Toutefois, il faut prendre avec prudence cette idée qu'une spéculation soit toujours responsable de la famine. Jean Delumeau rappelle qu'en temps de crise, la crainte de mourir de faim provoque des paniques et débouche sur de folles accusations contre de prétendus accapareurs.

On voit en tout cas que la crainte de mourir de faim peut certes se transformer parfois en moments de panique durant lesquels le soupçon mal défini peut déboucher en accusation un peu vite prononcée. Mais cette crainte ne surgit pas par hasard. Elle se forme, elle s'alimente (si j'ose dire) de l'expérience vécue : le retour cyclique de mauvaises récoltes et de disette. Il convient certes de ne pas confondre la disette, période durant laquelle on mange mal et peu, et la famine, période souvent plus longue et durant laquelle il n'y a tout simplement rien à manger et où on voit des gens mourir de faim. Il y aura eu des décennies durant lesquelles des populations n'auront fort heureusement jamais connu la famine. Mais connaître la disette un peu trop régulièrement peut suffire à appréhender ce qui n'est jamais que l'étape suivante, la famine.

Après une relative accalmie au cours des XIIIe et XIVe siècles (pour ce dernier siècle, ce sont plutôt les ravages de la guerre et la peste qui sont responsables de mauvaises récoltes), la famine connaît une renaissance durant la première moitié du XVᵉ siècle, cette fois due à des hivers rigoureux et interminables. Inversement, la deuxième moitié du XVᵉ siècle voit la famine, sinon disparaître, en tout cas ne plus connaître les proportions d'autrefois. Le fait que le royaume de France commence à connaître une machine étatique n'y est pas non plus étranger. On le constate pendant l'hiver 1481-1482, durant lequel des malheureux mangent des racines d'herbes et de choux, ou encore l'avoine toute pure. Louis XI, suite à l'unique véritable famine de son règne, prit des mesures pour interdire le stockage des grains en vue des spéculations, ou leur vente à l'étranger, cependant qu'il s'assurait leur circulation des lieux d'abondance aux lieux sinistrés.

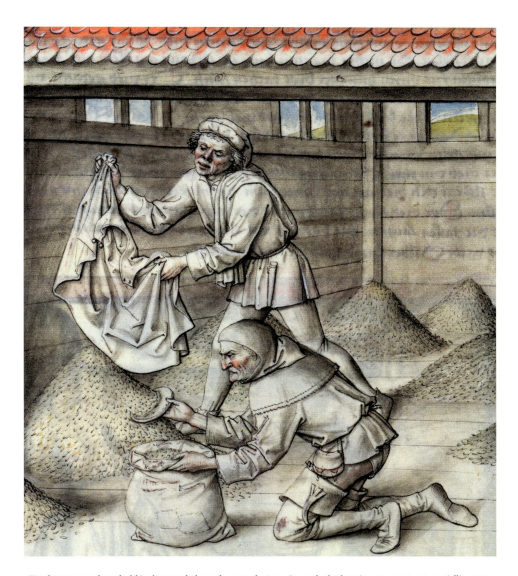

Des hommes volent du blé, aliment de base des populations. Les vols de denrées ne sont pas rares à l'époque, la spéculation non plus : de grosses quantités sont entreposées en attendant que les cours montent.
Les Fables de Bidpaï, vers 1480. Chantilly, Musée Condé, ms. 680/1389. © Bridgeman.

Le chômage et la faillite

Contrairement à ce qu'on pourrait s'imaginer, le chômage n'est pas un fléau né au XXᵉ siècle : il a toujours existé. On peut même dire que l'un des motifs du chômage, le progrès technique, était déjà présent au Moyen Âge.

La plus importante invention technique de l'époque médiévale est le moulin à eau. Celui-ci pouvait faire bouger un bras mécanique, lequel, une fois actionné,

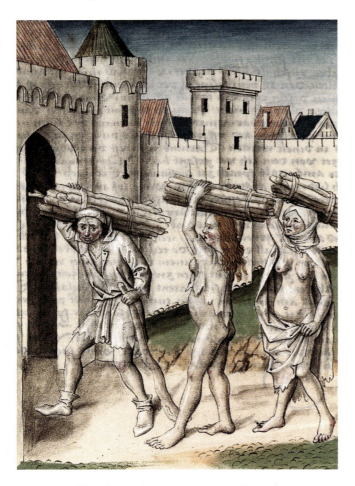

Même si ces trois personnages portent des fagots, on devine que cet emploi doit être précaire et mal rémunéré à leur habillement (voire à leur nudité).
Les Fable de Bidpaï, vers 1480. Chantilly, Musée Condé, ms. 680/1389. © Bridgeman.

savait tout faire : tanner la peau, battre les grains, frapper l'enclume. On imagine donc les nombreux petits métiers qui ont pu être menacés par la proximité d'un moulin. Certes, cette invention a longtemps surtout concerné les moines et peu le domaine laïc. Mais il pouvait arriver que des bénédictins ou des cisterciens fassent vivre de leurs productions toute une région.

Par ailleurs, le dépeuplement de régions entières suite à des guerres, des épidémies, a fait disparaître la clientèle de nombreux métiers, qui se retrouvent alors au chômage. Même si, dans certains cas, une épidémie peut faire disparaître la concurrence.

Quel que soit, en fin de compte, le motif qui provoque la perte de l'emploi, l'entrée dans une période chômée, celle-ci déclenche des affres, du stress : de tout temps et jusqu'à une période encore très récente, être sans travail est considéré comme une sorte de déshonneur. On n'est pas capable de nourrir sa famille, on n'est pas un homme. Passer du statut de sans emploi à celui d'incapable ou de fainéant peut être extrêmement rapide. La chose est d'autant plus redoutable lorsque la profession d'origine était spécialisée : que penser d'un boulanger ou d'un drapier qui n'a plus de travail ? Est-ce parce que sa marchandise était de mauvaise qualité ? A-t-il été rejeté par ses confrères ? L'homme qui travaille de ses mains, dans les champs, dans une fabrique, peut toujours parvenir à se débrouiller. Il ne garde pas obligatoirement le même emploi, mais ne reste pas longtemps au chômage.

On dira qu'autant que la peur des lendemains difficiles, c'est celle du regard d'autrui qui va conditionner la personne atteinte par ce qui ne devrait être qu'un épiphénomène et qui peut être considéré comme une malédiction.

Toutefois, les progrès techniques apportaient en principe plus d'avantages que d'inconvénients et il ne semble pas que des cohortes de chômeurs soient nées de l'invention du moulin à eau. Ce qui était beaucoup plus redouté, c'était la situation de monopole.

Page de droite
Un des quatre états de la société : l'Homme misérable ou l'État de pauvreté. Cette peinture de Bourdichon nous montre la misère due à l'inactivité, suite peut-être à un accident.
Paris, École Nationale Supérieure des Beaux-Arts. © Bridgeman.

Le moulin à eau rapportera forcément au riche
mais risque d'aggraver la situation du pauvre, obligé de payer pour l'utiliser.
Missel franciscain, fin du XVe siècle. Lyon, BM de la Part-Dieu. © Kharbine-Tapabor.

Non seulement le travail au moulin est dur, mais il faut en plus en payer
le droit d'utilisation au propriétaire – utilisation souvent obligatoire !
René d'Anjou, *Le mortifiement de la vaine Plaisance*, XVe siècle. Metz, BM, ms. 1486, f° 1.

Dans son ouvrage sur *La Révolution industrielle au Moyen Âge*, Jean Gimpel cite le cas précis où une situation de monopole a pu provoquer des angoisses, des faillites et des procès ruineux parmi les populations.

Un cas, extrêmement répandu, hélas, est celui où un seigneur ecclésiastique ou laïc faisait bâtir dans ses domaines un moulin, destiné au foulon des draps, par exemple, ou pour moudre les grains. De la même manière, s'il avait un four, on devait obligatoirement venir y faire son pain et lui payer une redevance, le seigneur obligeant les bonnes gens à venir fouler le drap ou moudre le grain chez lui, même s'ils avaient chez eux une meule.

Contrairement à ce que peuvent laisser penser les apparences, le seigneur n'était pas obligatoirement un « racketteur » : le monde entier n'a pas forcément une meule chez soi et le noble sire devait avancer de l'argent pour faire fabriquer son moulin ou son four. Il était donc logique qu'il s'efforçât de le rentabiliser et que les gens vivant sur ses terres aillent plutôt

s'adresser à lui qu'au seigneur voisin. Mais bien entendu, la situation paraissait injuste lorsqu'on avait sa propre meule à demeure et qu'on devait faire parfois un long trajet et perdre de précieuses heures pour de surcroît payer un droit d'usage d'une machine dont on aurait pu parfaitement se passer. D'où l'anxiété fréquente du paysan ou du villageois, qui vit dans l'impression qu'à tout moment peut apparaître une nouvelle taxe, une nouvelle corvée.

Faute de linge, je porte, bien forcé, le cilice.
Je n'ai pas peur que proches ou étrangers
Me volent quoi que ce soit.
Je n'ai pas chez moi une seule bûche de chêne […]
On ne saura plus où j'habite
À cause de ma pauvreté.
Personne n'ouvrira ma porte
Car ma maison est déserte,
Pauvre, à l'abandon.
Souvent, il n'y a ni pain, ni pâte.

La misère

Il semble que très tôt au Moyen Âge, on ait fait la distinction entre la misère et la pauvreté (cette même distinction que reprendra plus tard Victor Hugo dans ses *Misérables*). Le pauvre peut être un orphelin, un manœuvre qui a connu un accident, un travailleur sans emploi. Un pauvre, surtout, peut être un paysan dont les récoltes ont été dégradées par les intempéries et qui se retrouve sans rien à manger. C'est la victime de la tyrannie des grands, qui a vu ses biens confisqués et n'a

Allégorie de la pauvreté. Comme on le constate en lisant *Le Roman de la Rose* ou d'autres écrits de cette époque, il y a le bon pauvre, celui à qui il est arrivé malheur ou qui a du mal à joindre les deux bouts, et le mendiant, condamné à rester pauvre toute sa vie, qui peut susciter la compassion lorsqu'il est isolé, mais qui fait peur dès qu'il se retrouve en groupe. Le bon pauvre peut d'ailleurs, vu la dureté des temps, se transformer en mendiant. Guillaume de Lorris et Jean de Meun, *Le Roman de la Rose*, vers 1490-1500. Londres, British Library, ms. Harley 4425, f° 11v. © British Library.

aucun recours. Aussi, les plus modestes ont peur des revers de la fortune, craignent de sombrer dans la misère.

« [...] Dans cette vie sur terre, s'écrie Jean de Meung (*Le Roman de la Rose*), il vaut mieux mourir qu'être pauvre. Ceux qui apparaîtront comme pauvres, leurs propres frères les haïront. Et pour la pauvreté honteuse, il veut parler de ce dénuement que nous appelons indigence, celle qui nuit à ce point à ceux qui l'hébergent, que jamais je n'ai vu des gens aussi méprisés que ceux que l'on voit dans l'indigence. Chacun de ceux qui suivent le droit écrit les récuse même comme témoins, parce que la loi les déclare équivalents à ceux qui sont déshonorés. »

Mais tous, aussi bien les riches que les plus modestes, craignent les miséreux. Le misérable, c'est le mendiant qui vient d'ailleurs, sans foi ni loi, autrement dit ne connaissant personne et peut-être pas plus les lois. Le misérable peut aisément devenir voleur, selon la croyance populaire et, surtout, ce qui contribue avant toute chose à le rendre antipathique, le misérable est rarement seul : il faut plutôt parler de ces nombreux misérables, notamment dans certains quartiers où la mendicité couvre toute une voie. On connaît le phénomène de la Cour des Miracles, qui certes n'a pas existé partout et a peut-être parfois été exagéré, mais qui semble avoir été bien présent dans certaines grandes villes. La pauvreté est si répandue que certains parents réduits à la mendicité n'hésitent pas à estropier volontairement leurs enfants pour pouvoir émouvoir les passants. Le Bourgeois de Paris parle d'une affaire survenue en mars 1449 de caïmans (c'est ainsi qu'on appelait les mendiants) qui crevèrent les yeux de leurs enfants, ou leur coupèrent les jambes. Les responsables de ces horreurs furent pendus.

À partir des XIIe et XIIIe siècles, on a tendance à considérer que les misérables sont trop nombreux, que les villes sont submergées. L'idée d'une masse, d'une armée, d'une invasion de miséreux traverse les écrits des temps, et sans doute aussi les cauchemars des populations. Par un effet de contagion, chaque misérable devient suspect, est un voleur ou un criminel potentiel. Au XIVe et au XVe siècle, on voit des mendiants « coloniser » les nefs et les chœurs des églises, particulièrement en période de froid.

Bien entendu, la situation ne s'arrange pas avec les problèmes économiques. Le gueux, le vagabond, l'errant

Pauvreté s'en prend à Fortune.
Jean Boccace, *Des Cas des Nobles Hommes et Femmes*, fin du XVe siècle. Londres, British Library, ms. Harley 621, f° 71.
© British Library.

qui cherche un travail de village en village risque de voler le pain des habitants : on confiera une tâche à remplir à quelqu'un qui se fera payer peu cher. D'un autre côté, les pauvres qui sont déjà sur place, qui habitent les grandes villes sont supposés être des partisans du désordre. S'agissant des villes flamandes, on peut dire que chaque soulèvement a vu dans ses rangs beaucoup des miséreux ou misérables qui hantaient ses rues. Voilà qui ne contribue pas à les rendre populaires.

La peste noire, qui fit tant de ravages, put faire penser, comme on allait manquer de main-d'œuvre,

qu'elle allait arranger les affaires des pauvres (enfin, ceux qui y avaient survécu). Mais elle ne contribua qu'à pousser les rois à intervenir dans les affaires des fabricants de toutes sortes et patrons d'atelier : en France, particulièrement, une loi fut adoptée dans la seconde moitié du XIVe siècle, qui plafonnait les salaires et interdisait les personnes requises pour un travail d'exiger un dû à leur convenance. On en était donc à ce paradoxe qu'on manquait de bras pour bien des travaux et que les travailleurs disponibles avaient tendance à rester pauvres, voire même à s'appauvrir encore plus.

Les moines nourrissaient régulièrement les plus pauvres,
remplissant la même fonction sociale que nos associations caritatives.
Jacques de Voragine, *Légende dorée*, 1348. Paris, BnF, ms. fr. 241, f° 140. © BnF.

Pour lutter contre ce phénomène, il y a les solutions à court terme : on nourrit les plus pauvres, on les accueille dans les hôpitaux (dont le nom, à l'origine, a plus à voir avec l'hospitalité qu'avec le fait de soigner les gens). Si on étudie l'histoire des villes au Moyen Âge, on en trouvera difficilement une qui n'ait pas son hospice ou son hôpital charitable pour les plus démunis. Même les villes neuves, même les bastides, dont on a trop souvent dit qu'elles jaillissaient spontanément du sol telles des villes champignons, ont assez rapidement leur établissement pour les pauvres.

Le problème est d'autant plus crucial que les familles les plus modestes sont également les plus touchées par tous les fléaux que nous avons déjà relevés, tels les durs climats, les famines, les accidents, mais également par les guerres et les maladies. Elles se remettent difficilement de tous ces événements. Un ouvrage comme le *Journal d'un Bourgeois de Paris* montre l'extrême difficulté pour ces personnes à s'en sortir lorsque l'on détaille leur dénuement face aux hivers les plus terribles, aux ravages provoqués par la guerre civile, mais aussi la vie chère avec les prix des produits de base qui grimpent. Même si c'est de façon humoristique et sans doute autoparodique, le chant de Rutebeuf en dit long sur la situation des plus pauvres :

Faute de linge, je porte, bien forcé, le cilice.
Je n'ai pas peur que proches ou étrangers
Me volent quoi que ce soit.
Je n'ai pas chez moi une seule bûche de chêne […]
On ne saura plus où j'habite
À cause de ma pauvreté.
Personne n'ouvrira ma porte
Car ma maison est déserte,
Pauvre, à l'abandon.
Souvent, il n'y a ni pain, ni pâte.

Tout ce catalogue de motifs divers de devenir misérable et de comportements divers de ces misérables ne doit pas faire oublier une réalité sociale, d'ailleurs toujours à l'ordre du jour au XXIᵉ siècle : le cas de ceux qui, bien qu'intégrés dans la société et travaillant, n'en sont pas moins pauvres. Paysans, artisans, ouvriers, ils connaissent un dur labeur et gagnent à peine de quoi nourrir leur famille. Certes, ils sont à peu près assurés de ne pas mourir de faim mais restent toujours en état de survie. Ils ignorent si la génération suivante pourra à son tour s'en sortir. Aussi, si une partie de la population, parmi la plus aisée, a peur en voyant les cohortes de miséreux, d'avoir maille à partir avec elles, il en est d'autre à qui ces cohortes n'inspirent qu'une crainte : devenir comme ces miséreux.

Saint Antoine fait l'aumône à plusieurs mendiants. Si, au Moyen Âge,
le mendiant est souvent méprisé, paradoxalement faire preuve de charité est un devoir de bon chrétien.
Maître de la Chapelle Rinuccini, vers 1370-1380. Florence, Galerie de l'Académie. © AKG.

La scène du mari jaloux battant sa femme est reconstituée sur cette enluminure avec un grand réalisme. La présence de spectateurs qui n'interviennent pas en dit long sur ce genre de pratiques.
Guillaume de Lorris et Jean de Meun, *Le Roman de la Rose*, vers 1490-1500. Londres, British Library, ms. Harley 4425, f° 85.
© British Library.

 # Peurs féminines

Depuis Ève, ou du moins ce qu'on raconte à son sujet, l'homme est censé se méfier de celle qui accompagne sa vie, et la craint sans doute ou, en tout cas, s'en inquiète, car elle seule peut finalement mettre un frein ou un démenti à sa force, sa virilité, à l'image qu'il tente désespérément de donner de lui-même.

Mais inversement, la femme, dans son quotidien, a bien des craintes à avoir. Déjà parce qu'elle vit dans un monde où, même si on s'efforce théoriquement de la traiter avec justice, toutes sortes de textes, religieux, laïcs font d'elle, au mieux un enfant dénué d'intelligence qu'il faut garder contre lui-même, au pire une réprouvée qu'on doit garder au domicile et régulièrement corriger. Certes, l'ensemble des hommes du Moyen Âge ne suivent pas à la lettre, loin s'en faut, ces textes, et la plupart de ces hommes ne sont pas des soudards traitant leur épouse comme des animaux : certes, si l'on

dispose de nombreux textes témoignant de l'extrême brutalité de maris envers leurs épouses, à tous les niveaux de la société, ces textes « sont essentiellement d'ordre normatif et judiciaire. Ils ne donnent pas une image exacte de la vie conjugale de la plupart des femmes, car les peuples heureux n'ont pas d'histoire » (J. Verdon). Il n'en reste pas moins que la société dans son ensemble attend de la femme un certain type de comportements parfaitement codifiés et, surtout, qu'elle fournisse à son époux un grand nombre d'enfants, y compris des filles, contrairement à ce qu'on s'imagine trop souvent, car ce sont elles, par leurs mariages, qui permettent à la famille de contracter des alliances ; mais surtout des mâles, particulièrement un héritier mâle qui va porter le nom, perpétuer le lignage, ou hériter de la boutique, du morceau de terrain, aider son père à travailler la terre.

Initiale ornée (la lettre C) représentant un moine tentant de réconcilier un mari et sa femme.
Jacobus Anglicus, *Omne Bonum*, 1360. Londres, British Library, ms. Royal 6 E VI, f° 375. © British Library.

La première angoisse de la jeune fille, c'est déjà de savoir avec quel époux elle va se retrouver. Ni elle ni d'ailleurs le futur époux n'ont voix au chapitre. Il va de soi que ce mariage sera d'abord une transaction entre deux familles, entre deux parentés. Ce qui ne veut d'ailleurs pas dire, contrairement à ce qu'on pourrait s'imaginer, que tous ces mariages sont forcément malheureux. On ne peut toutefois s'empêcher de penser à ce terrible passage du Mari Jaloux, sous la plume de Jean de Meung dans *Le Roman de la Rose* : « A ces mots, il la saisit, peut-être, aussitôt, par les tresses, suant de colère, et il tire si fort qu'il rompt les cheveux et les déchire, le jaloux, et il s'acharne sur elle et il la traîne à travers toute la maison, plein de colère, en la querellant, et il la maltraite vilainement ; et il ne veut accepter ses excuses, même sous serment, tant il est mal inspiré ;

mais au contraire frappe et cogne et roue de coups la femme qui hurle et crie et braille et fait retentir sa voix au vent à travers fenêtres et auvents ; et il lui reproche tout ce qu'elle fait, comme les mots lui viennent à la bouche, devant les voisins qui viennent au spectacle et les tiennent tous deux pour fous, et finissent par la lui arracher à grand-peine lorsque enfin il s'est essoufflé. »

Représentation d'un homme embrassant de force une femme. La mode de l'amour courtois ne doit malheureusement pas faire illusion : la femme est loin d'être respectée par tous au Moyen Âge. Mais pour autant, sa vie est-elle si cauchemardesque ?
Bernard de Parme et Raymond de Penafort, *Décrétales de Grégoire IX*, vers 1300-1340. Londres, British Library, ms. Royal 10 E IV, f° 72. © British Library.

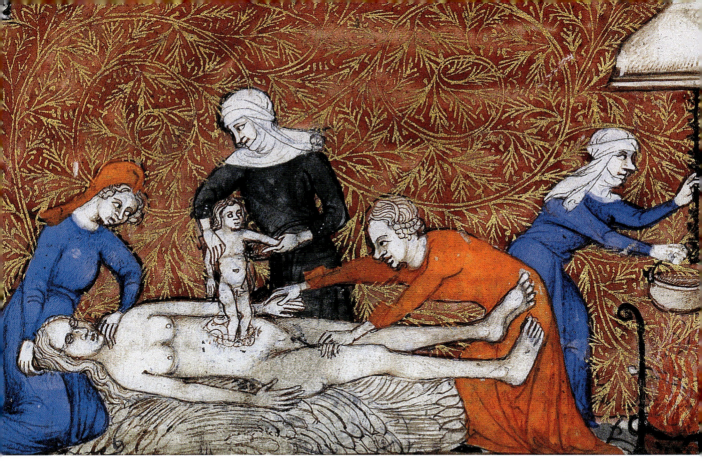

La naissance d'un enfant est un moment à la fois souhaité et redouté par les femmes au Moyen Âge.
La pratique de la césarienne, déjà connue à l'époque, n'est pas sans risques.
Les Faits des Romains, xive siècle. Paris, BnF, ms. NAF. 3576, f° 197. © BnF.

Ci-dessous
L'âme d'un trépassé est pesée sur une balance.
Ira-t-elle en Enfer ou au Paradis ? C'est le grand sujet de peur
de cette période. Mais ne commençait-on pas
à y songer tard dans la vie ?
Bernard de Parme et Raymond de Penafort,
Décrétales de Grégoire IX, vers 1300-1340.
Londres, British Library, ms. Royal 10 E IV, f° 184.
© British Library.

Aussi, dès le premier moment de l'union, la femme se retrouve avec une angoissante responsabilité : elle doit faire des enfants – beaucoup, car la majorité d'entre eux ne vivent pas vieux. On peut considérer que, même si le mari n'en parle pas forcément à ce moment-là, dès la nuit des noces, la femme sait – et sent – l'attente qui est celle de son époux. Angoisse d'autant plus grande que,

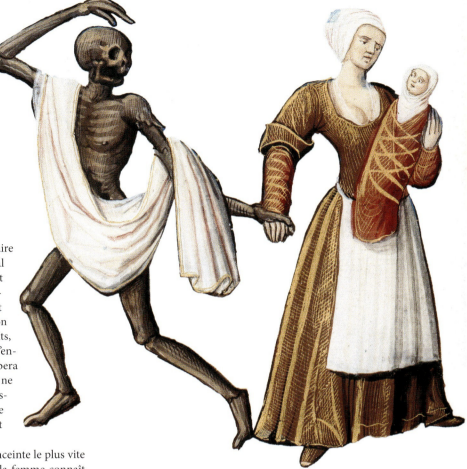

Unis jusque dans la mort :
la mort de la nourrice entraîne
celle de l'enfant.
La Danse macabre des femmes,
vers 1500-1510. Paris, BnF, ms. fr. 995,
f° 34v. © BnF.

forcément, si la femme ne pouvait faire un enfant, ou si la grossesse devait mal se dérouler, s'interrompait, ce serait forcément de sa faute. C'est une question de principe : le mari peut tout aussi bien avoir mauvaise réputation quant à sa faculté de faire des enfants, même si, déjà veuf, il n'a jamais eu d'enfant, ou de garçon, la faute incombera forcément à l'épouse. Aucun mari ne pourrait admettre, ne serait-ce que vis-à-vis de son entourage, de ses gens, de ses voisins et alliés, que sa virilité soit remise en question.

Or, tout en souhaitant donc être enceinte le plus vite possible et le plus souvent possible, la femme connaît également très bien les risques qu'elle court chaque fois que cela arrive. Robert Fossier rappelle qu'au moins une couche difficile sur dix voit la mère mourir, et qu'il s'agit presque toujours d'une première grossesse. Les conditions d'hygiène, loin d'être exemplaires, n'aident guère la malheureuse mère.

Mais même lorsqu'elle a accouché d'un enfant, les moments d'angoisse sont toujours là, peut-être plus encore du fait que l'enfant tant attendu est arrivé, que l'héritier tant souhaité est enfin là. Il est difficile d'aligner des chiffres pour l'ensemble de la population, mais on sait au moins que près de 30 % des naissances dans les familles royales, princières et ducales, se terminent par un décès au bout de quelques heures ou de quelques jours : « tétanie, méningite, étouffement provoqué par des manipulations maladroites, dysenterie, insuffisance vasculaire provenant d'une grossesse mal conduite ou d'une naissance prématurée » (R. Fossier).

Depuis les travaux, en 1960, de Philippe Ariès et, en 1990, de Danièle Alexandre-Bidon, on sait que l'enfant, au Moyen Âge, ne laisse pas indifférents les parents sous prétexte qu'ils en auraient beaucoup et que, de surcroît, trop d'entre eux mourraient en bas âge. La mort d'un nouveau-né est vécue comme un crève-cœur par tous les parents, d'autant que s'ajoute l'angoisse, quand celui-ci n'a pu être baptisé, de voir son âme partir en enfer. Le phénomène est tel que l'Église va imaginer le principe des Limbes, sorte de lieu merveilleux dans lequel les âmes des mort-nés peuvent s'installer, qui n'est ni en Enfer, ni au Paradis, mais où ces jeunes âmes se retrouvent entre elles. Savoir qu'un tel lieu existe atténue en partie l'angoisse quotidienne des pauvres mères.

S'ensuivent alors bien d'autres peurs : celle de la substitution d'enfant, qui est loin de n'être qu'un fantasme. Ou encore celle de voir l'enfant contracter l'une des innombrables maladies qui sévissent en ces durs temps.

Un maître d'armes utilise un canon à main.
L'arrivée de cette nouvelle arme ne fut pas
sans provoquer des craintes…
et des accidents.
Konrad Kyeser, *Bellifortis*, 1405. Göttingen,
Bibliothèque universitaire, ms. philos. 63.
© AKG.

La peur
de la nouveauté

Le monde tel que l'a voulu Dieu, c'est le Paradis terrestre. Si celui-ci n'existe plus, c'est la faute de l'homme (et, si l'on en croit les textes sacrés, tout particulièrement de la femme). Aussi, le monde va-t-il de mal en pis. Toutefois, en s'efforçant de suivre les préceptes de l'Église et, surtout, les coutumes des anciens, qui ont surmonté les difficultés de la vie et deviennent donc des images de référence, l'homme peut espérer retrouver en partie l'âge d'or.

Aussi, a-t-on souvent l'impression aujourd'hui que les existences humaines au Moyen Âge sont entièrement planifiées, que ce soit la manière de manger, de travailler, de vivre en famille, de se marier, de faire des enfants… D'où les nombreux calendriers des saisons et autres livres d'heures qui indiquent ce que chacun doit faire à tel moment de la journée ou de l'année. Vivre autrement, venir d'ailleurs, c'est retrouver l'état de péché d'Adam et d'Ève qui ont cherché à savoir, qui ont mordu le fruit de la Connaissance.

Or, quelqu'un qui apporte une nouveauté, tout particulièrement de type technique, c'est quelqu'un qui a cherché à savoir, qui remet en cause la Création en prétendant y apporter une amélioration. C'est la raison pour laquelle, en dépit d'apports techniques nombreux qui auraient pu améliorer leurs conditions de vie, bien des paysans n'ont pas pu ou pas voulu changer leur manière de travailler dans les champs, ignorant notamment l'arrivée de nouveaux types de charrues.

Canon et mortier au siège de Pampelune. Les innovations techniques suscitent d'autant plus la crainte et la méfiance qu'elles peuvent provoquer morts et destructions.
Jean de Wavrin, *Recueil des chroniques d'Angleterre*,
vers 1470-1480. Londres, British Library, ms. Royal 14 E IV, f° 28v.
© British Library.

Un paysan dirige une charrue curieusement dételée,
pendant que deux bœufs paissent tranquillement dans le champ.
Gautier de Coincy, *Les Miracles de Notre Dame*, vers 1330-1335. Paris, BnF, ms. NAF. 24541, f° 172. © BnF.

Des inventions aussi variées que la boussole ou la poudre à canon furent regardées avec méfiance.

De toute façon, comme le rappelle A. Strubel, parlant des textes satiriques médiévaux (et plus particulièrement du *Roman de Fauvel*), « le discours de la satire est la plupart du temps conservateur, voire réactionnaire […] le monde s'est détourné d'un état antérieur, tout en perfection, à cause des péchés des individus et du cours inéluctable des choses. Pour juger le présent, il faut une norme, que l'on trouve presque systématiquement dans le passé. […] Le principe du temps, de toute manière, c'est la déchéance, la déperdition de valeur ». Tout se dégrade avec le temps : toute nouveauté est forcément accueillie avec pessimisme, puisqu'elle éloigne un peu plus (et un peu plus vite) de l'état antérieur si parfait.

Un soldat mortellement blessé écrit son testament. Mourir intestat (sans avoir fait de testament)
est condamné par l'Église et barre la route du Paradis.
Justinien Ier, *Digeste*, vers 1340. Paris, BnF, ms. latin 14340, f° 87. © BnF.

 # La peur de la mort

Il faut d'abord se souvenir de ce que le mot « mort » signifie au Moyen Âge : non pas l'arrêt de la vie, mais le passage vers autre chose. C'est au moins une croyance qu'on peut considérer comme commune à tous les Occidentaux.

Que se passe-t-il après la mort ? Voici le grand sujet de crainte. Celui que tout le monde redoute. Si l'âme, qui se sépare du corps, est bien reçue au Paradis, alors tout va bien. Mais si elle se dirige vers les flammes de l'Enfer ?

Page de gauche
La Mort devant son juge. C'est sans doute moins la mort en tant que telle que la destination finale de l'âme après le grand passage qui provoque une terrible appréhension.
Grandes Heures de Rohan, vers 1430-1435. Paris, BnF, ms. latin 9471, f° 159.

Ainsi se plaint Rutebeuf, dans sa *Repentance de Rutebeuf* :

*Je vois mourir faibles et forts :
Où prendre en moi le réconfort
Qui me défendrait de la mort ?
Je n'en vois nul de si vigoureusement planté
Qu'elle ne retire l'appui qui étayait ses pieds :
Le voilà étendu à terre.
Que puis, sinon attendre la mort ?
La mort n'épargne ni les durs, ni les tendres,
Quelque somme qu'on lui propose.
Et quand le corps n'est plus que cendre,
Alors l'âme doit rendre des comptes
De tout ce qu'on a fait jusqu'à la mort.*

Encore est-il question ici d'un personnage qui s'attend à mourir. Mais bien plus cruel paraît être le sort de celui qui subit une mort soudaine : victime d'une « attaque » (cérébrale, cardiaque) ou tout simplement d'un acte de violence. Dans les deux cas, voici quelqu'un qui partira dans l'Au-Delà sans confession. Ne parlons pas des personnes qui se suicident : c'est un crime contre la vie, qui vient de Dieu, donc un péché mortel. Pour permettre au suicidé d'être tout de même enterré au cimetière, sa famille s'efforce de cacher ce crime, ou de le faire passer pour un acte de folie. Être enterré au cimetière, autrement dit en terre consacrée, permet d'avoir une chance d'aller au Paradis.

Cy commance le vi.^e peril denfer.

C Est chose naturelle et experience le monstre
que les choses quauone en nre vie feruen
tement aymees. Nous sont representees
a nre trespas. deuant les yeulx de nostre
affection. soit gloire honneurs pompes et dominacions
de biens mondains. Et quant nous voions que a
nre trespas. que ce que nous ayme tant chierement et a
grant cure et soing desir et garde nous fault laissier et

Et à tout cela, il faut ajouter la crainte de mourir pendant son sommeil, « une variante de la mort subite », également objet d'inquiétude. Pour s'en prémunir, « on prend la précaution de protéger les dormeurs grâce à de l'eau bénite, dont la maîtresse de maison conserve toujours, dans un "seau" approprié à cet usage, quelques gouttes dans la chambre à coucher » (D. Alexandre-Bidon). De même, pour se protéger contre les risques de mort accidentelle, on rédige des prières ou des formules protectrices sur « des feuillets de parchemins pliés en quatre et serrés dans un sachet de tissu suspendu au cou par un cordon ».

Mais revenons-en aux personnes qui ont le temps de « préparer » leur mort prochaine. Au fil du temps, deux obsessions imprègnent la mentalité occidentale, particulièrement à partir du XIVᵉ siècle : que deviendra la famille du décédé ? Aussi est-il nécessaire de faire son testament : au point que l'Église considère comme un grave péché, pouvant priver du Paradis, toute personne mourant intestat.

Autre grave question que se pose le mourant : y aura-t-il quelqu'un pour prier pour lui après sa mort ? Il ne s'agit pas à proprement parler de cet espoir qu'on parle encore de soi lorsqu'on aura disparu, cette obsession de laisser une trace est très actuelle. Au Moyen Âge, tout

part du passé : si l'on a été un homme important de son vivant, on le reste encore après sa mort, ne serait-ce que pour la fierté de la maison, de la famille, du blason. Non, il s'agit, en dépit des apparences ressemblant à la foi, de quelque chose de beaucoup plus matériel : priera-t-on suffisamment souvent et avec suffisamment d'ardeur pour fléchir le Ciel et faire aller son âme au Paradis ? Il semble que, dans l'esprit de plus d'une personne, une sorte de « pression » était possible, qu'au Purgatoire on pourrait considérer que quelles que soient les fautes d'une personne, si elle a suffisamment de proches qui prient pour elles, de façon régulière, durant de nombreuses années, l'âme finit par être sauvée. D'où de nombreux testaments qui lèguent de l'argent en faveur de messes. Mais en même temps, les mourants craignent que cette volonté dernière ne soit pas respectée.

On ne peut s'empêcher de songer à Louis XI, souverain assez éclairé de la toute fin de ce qu'on appelle le Moyen Âge, qui représente assez bien l'état d'esprit de son époque, et qui ne cesse, vers la fin de sa vie, sentant la maladie gagner du terrain, de marchander avec le Ciel, offrant des trésors à des églises, pour tenter d'obtenir un répit supplémentaire.

À l'aurore succède le crépuscule. Le paysan s'empresse d'aller se coucher.
Christine de Pisan, *Épître d'Othéa à Hector*, vers 1410-1412. Londres, British Library,
ms. Harley 4431, f° 115v. © British Library.

Frayeurs nocturnes

Nous ne savons plus vraiment ce qu'est la nuit. Et les nuits médiévales n'ont rien à voir avec les nôtres. Pas un seul éclairage, y compris dans les grandes villes. Une nuit vraiment noire, à travers laquelle on ne voit rien. Non pas, d'ailleurs, que l'homme médiéval s'en satisfasse : il essaie, avec ses faibles moyens, de conserver une luminosité dans sa maison, dans le lieu où il couche. Pour une grande majorité de personnes, il faut se souvenir que la demeure, la chaumière, ne comporte qu'une grande salle de vie dans laquelle plusieurs personnes mangent, dorment, vaquent à leurs affaires. C'est souvent l'âtre qui reste alors allumé,

parfois également pour tenir au chaud la demeure. Ce peut être aussi une simple chandelle. Mais comme il n'y a généralement personne pour surveiller ces feux, gare aux possibilités d'incendie. Ceux-ci se déclenchent généralement la nuit.

Il est vrai d'ailleurs que la nuit est également propice à certains plaisirs : peut-être justement parce qu'on la craint (mais aussi parce que le jour ne laisse guère de temps aux plaisirs), c'est le moment des distractions, dans les tavernes notamment, qui peuvent durer jusque tard le soir. Et ceux-là même qui ont figuré dans ces libations nocturnes peuvent, éméchés et enhardis par

46

Femme attaquée par des brigands munis d'épées. La nuit n'est pas seulement l'heure des visites démoniaques,
c'est aussi celle où les brigands s'en prennent aux biens des gens.
Jean Boccace, *Des cas des nobles hommes et femmes*, XVᵉ siècle. Paris, BnF, ms. ars. 5193, f° 214v. © BnF.

l'alcool, devenir une menace pour d'autres. La nuit n'est pas seulement le moment des vols, c'est également celui des agressions de toutes sortes, viols, règlements de comptes. Jean Verdon, dans son célèbre ouvrage sur la nuit au Moyen Âge, a longuement détaillé le fonctionnement des différents types de guet. S'il serait exagéré de dire qu'ils ne servaient à rien, leur efficacité est toutefois loin d'être toujours convaincante.

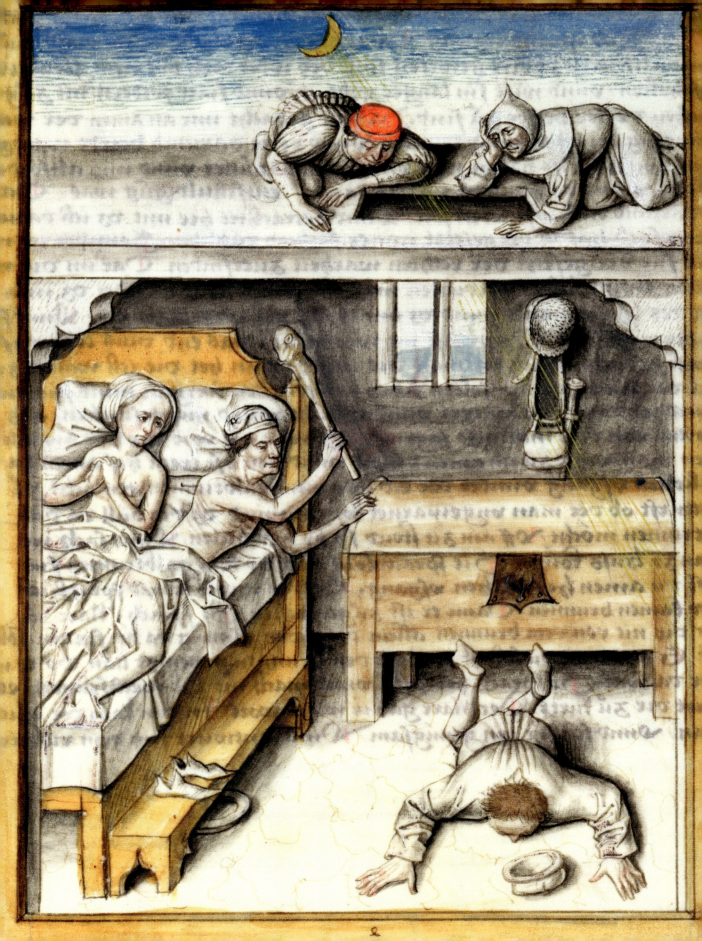

On comprend donc que la nuit s'offre à toutes les craintes, à toutes les imaginations. Car si l'environnement est invisible, il n'est pas forcément silencieux. Chaque bruit peut devenir suspect, selon que l'on circule tardivement à l'extérieur, que l'on soit dans sa chaumière, dans sa demeure. S'agit-il de voleurs qui hantent les grands chemins, ou encore qui essaient de s'introduire dans une demeure ?

Mais surtout, la nuit, c'est le moment du Diable, le moment le plus propice pour être visité par la mort. Certes, après les journées si rudes qu'ils connaissent, les hommes et les femmes sont soulagés de pouvoir enfin se reposer. Mais on peut imaginer une certaine appréhension au moment de se mettre au lit. Souvenons-nous d'ailleurs qu'ils ne se couchent pas : pour les plus aisés, qui disposent d'une chambre et d'un lit, de nombreux oreillers ou autres épaisseurs sous leur tête et leur dos leur permettent de dormir pratiquement assis : la position allongée est celle des morts ; l'adopter serait attirer l'attention des terrifiants visiteurs nocturnes.

Qu'en est-il, d'ailleurs, des fameuses veillées, au cours desquelles, toutes classes confondues, on se rassemble et se raconte des histoires ? Il est probable qu'on aimait déjà à cette époque évoquer des contes merveilleux, effrayants, quitte à frissonner ensuite sur sa couche. Quitte à imaginer la visite de toutes sortes de démons, d'esprits malveillants, de personnages surnaturels, ou de sorcières. La nuit, c'est le moment du sabbat, c'est celui où le loup-garou subit sa transformation… Bref, un espace temporel tellement redoutable qu'il est également consacré à la prière. Les hommes sont conviés à prier tard le soir et, surtout, dès minuit, une première messe est célébrée dans les abbayes.

Mais surtout, la nuit est le moment où l'on reste seul avec soi-même, si bien qu'on a le temps de retourner dans sa tête toutes sortes de sujets, de soucis, d'angoisses. Comme nous, l'homme médiéval connaît les problèmes de l'insomnie et tente d'ailleurs de s'en guérir tout en étant souvent convaincu que c'est le démon qui lui assigne cette maladie pour l'obliger à penser à lui.

Page de gauche
Bien maladroit, ce voleur nocturne s'apprête à recevoir une punition.
Les Fables de Bidpaï, vers 1480. Chantilly, Musée Condé, ms. 680/1389. © Bridgeman.

À droite
Des démons tournent autour d'un dormeur. La nuit est propice à l'apparition des démons sous leur véritable forme. On dort rarement seul au Moyen Âge, déjà faute d'avoir plusieurs pièces dans sa demeure, mais aussi pour empêcher des visites démoniaques.
Livre d'heures de Catherine de Rohan et de Françoise de Dinan, vers 1450-1455. Rennes, BM, ms. 34, f° 11v. © IRHT-CNRS.

UN PEUPLE
DÉPRESSIF ?

L e sujet est tellement moderne qu'on peut avoir l'impression de commettre un anachronisme en la posant au sujet de peuples ayant vécu au Moyen Âge. On parle en général de « bile noire » qui engendre la « mélancolie », termes appartenant aux traités médicaux de Galien, célèbre médecin du IIe siècle de notre ère. La mélancolie est considérée comme une maladie en principe peu grave, mais qui peut devenir pathologique. On voit donc que déjà sous l'Antiquité, on avait conscience qu'un tel état pouvait jouer sur les facultés et l'énergie d'un être humain.

Mais ce n'est pas l'état d'un individu en particulier dont il est question ici. Il s'agit de savoir si une peur communicative, un phénomène de crainte face à des mauvaises nouvelles résurgentes, à des événements d'une particulière gravité, voire catastrophiques, ont pu jouer sur l'état d'une population et, au-delà, sur le sort de ces populations. Pour dire les choses autrement, et pour reprendre une hypothèse précise qui connaît depuis quelques années un certain succès, est-il possible que l'état dépressif des Français au début du XIVe siècle ait eu une influence non seulement sur le déroulement de la guerre de Cent Ans, mais même sur la propagation de la peste noire ?

On a vu dans la partie précédente à quel point le quotidien pouvait présenter une variété de menaces pour l'existence ou le bien-être des hommes – et des femmes – de cette époque. Nous verrons que si, la plupart du temps, ces mêmes individus parviennent à triompher de ces menaces et de ces craintes, l'angoisse peut parfois entraver une personne, un groupe de personnes, voire peut-être une population entière.

L'angoisse de l'incertitude contre le rejet de la providence

L'un des débats philosophiques les plus importants qui traversent le Moyen Âge et même l'époque classique est celui qui consiste à s'interroger sur la prédétermination du monde. Tout est-il déjà écrit ? Dieu a-t-il déjà tout prévu et l'homme ne ferait-il que suivre, sans forcément le savoir, un schéma bien établi ? Autrement dit, quoi qu'il fasse, l'homme a-t-il son destin d'écrit ?

Cette interrogation révèle une certaine inquiétude des penseurs médiévaux, mais aussi une forme de schizophrénie. Nombreux sont ceux qui disent que les temps deviennent incertains, que la violence, les guerres, les mauvaises politiques, l'approche des Infidèles, bref, que toutes les certitudes bien établies s'effondrent.

Mais parallèlement, ces penseurs imaginent avec effroi un monde où tout serait prévu par la Providence divine, qui agirait sur le destin de chacun. Le libre arbitre ne serait plus possible, la volonté ne servirait de rien, de même que le repentir et la volonté de se réformer.

Boèce, sans doute le plus grand philosophe du tout début du Moyen Âge (VIe siècle), considère qu'il est impossible que Dieu sache tout à l'avance. Aussi distingue-t-il les instants du temps, tels qu'ils sont dans le temps, et les instants du temps tels qu'ils sont en lui. Autrement dit, il y aurait bien en Dieu un schéma préétabli, mais qui subirait de constantes modifications au fil du temps. Duns Scot, à la fin du XIIIe siècle, différencie le futur et le contingent, tous deux provenant de Dieu. Thomas d'Aquin au XIVe siècle considère que Dieu connaît le possible (le probable ?) sans le rendre nécessaire : ce qui devrait être ne sera pas obligatoirement. Quelle que soit la nuance que l'on préfère, on voit que ces trois penseurs essentiels sont soucieux de démontrer que les jeux ne sont jamais faits à l'avance, qu'une situation désespérée n'est pas immuable et qu'un désastre peut toujours être réparé. Or, Thomas d'Aquin et Duns Scot appartiennent à cette époque qui commence à sombrer dans une sorte d'incertitude générale.

Page de droite
De Platon à Boèce en passant par saint Augustin,
c'est par la connaissance et la réflexion que les philosophes pensent pouvoir vaincre la peur.
Saint Augustin, *La Cité de Dieu*, XVe siècle. Paris, BnF, ms. fr. 27, f° 275v. © BnF.

Au Moyen Âge, Boèce est l'un des philosophes les plus connus et son ouvrage est médité dans l'Europe savante tout entière.
Boèce, De la consolation de la philosophie, 1492. Paris, BnF, ms. néerlandais 1, f° 58v. © BnF.

Le Roman de la Rose, dans sa seconde partie rédigée par Jean de Meung, est l'ouvrage de l'époque (autour de 1275) qui développe peut-être le plus longuement cette grave question. Comme le dit Nature, personnage allégorique du *Roman*, « trouver une solution à la question de savoir comment la prédestination, ainsi que la prescience divine, capable de tout prévoir, peut être compatible avec le libre arbitre, c'est une rude affaire à expliquer à des profanes ». Déjà parce que si tout était écrit et rendu nécessaire par avance, il n'y aurait plus aucun mérite à bien se comporter et le fait de mal se comporter ne serait plus une faute. Et en même temps, Dieu ne serait pas tout-puissant s'il n'avait pas la prescience de tout ce qui va arriver. Mais comme Dieu est équitable, il faut que justice soit faite aux bons comme aux méchants. « Il rend donc, soit en gain soit en perte, à chacun ce qu'il mérite. Toutes les actions, par conséquent,

reçoivent leur rétribution, et le destin est éliminé […] le libre arbitre reste debout. » Jean de Meung en arrive à la conclusion – ou plutôt il rapporte la conclusion des savants de son époque : « Ce n'est pas parce que Dieu connaît les faits par avance qu'ils existent […] Dieu connaît les choses à venir et le résultat qu'elles doivent avoir, quelle que soit la façon dont la chose puisse se produire selon la volonté de son auteur, qui tient en sa dépendance le pouvoir de choisir et penche d'un côté plutôt que de l'autre, selon son bon sens ou sa folie. » Autrement dit, Dieu connaît tous les scénarios possibles et leurs aboutissements et conséquences tout aussi possibles.

Aussi, tout en craignant la colère divine, l'homme se retrouve, tel un fétu de paille, avec des décisions à prendre, des choix à faire et des conséquences à subir qui, bien souvent, le dépassent et ajoutent à son angoisse.

Nature forgeant un nouveau-né.
Cette allégorie tend à montrer que nous sommes en grande partie prédestinés dès la naissance.
Guillaume de Lorris et Jean de Meun, *Le Roman de la Rose,* vers 1490-1500. Londres, British Library, ms. Harley 4425, f° 140. © British Library.

La crainte des changements de fortune

Dans sa *Consolation de Philosophie,* Boèce, ou plutôt Philosophie, remarque que l'on accorde trop d'importance et de crédit à la Fortune. Alors, Fortune rappelle à Boèce tous les beaux présents qu'elle lui a donnés, mais qui ont toujours la particularité d'être éphémères. Fortune finit toujours par retirer sa main et c'est la seule faute des hommes s'ils ne se montrent pas prévoyants vis-à-vis de ce moment inéluctable.

D'ailleurs, chante Fortune,

Si l'Abondance ne retirait sa main de sa corne pleine
Et répandait autant de richesses
Que la haute mer roule de grains de sable [...]
Le genre humain ne cesserait pas pour autant
De pleurer et de se plaindre de ses malheurs. [...]
Jamais il ne vit riche celui qui, dans l'agitation
et les gémissements, se croit pauvre.

Rutebeuf renchérira sur le même thème plusieurs siècles plus tard dans son poème *Sur Monseigneur d'Ancel de l'Isle* :

Je dis : Fortune est non-voyante,
Je dis : Fortune n'y voit goutte [...]
Le pauvre, le misérable monte si haut que chacun
le redoute,
L'homme de valeur est réduit au néant :
Elle n'en fait jamais d'autres.
Un homme a tôt fait d'être au sommet de la roue.
Chacun le sert, chacun l'honore,
Chacun l'aime, chacun le loue.
Mais la route tourne bien vite :
Celui que l'on servait, le voilà dans la boue
Et ses serviteurs lui tombent dessus :
C'est à qui sortira des griffes le premier.
Bien vite il a pour nom Chante-et-maintenant-pleure.

Philosophie décrit à Boèce comment est Fortune.
Cette dernière a eu droit à de multiples représentations,
comme le fait d'être moitié blanche (la bonne Fortune),
moitié noire (la mauvaise Fortune).
Boèce, *De la consolation de la philosophie,* 1477. Londres,
British Library, ms. Harley 4336, f° 1v. © British Library.

Fortune peut être représentée avec de nombreux bras, pour illustrer la multiplicité de ses interventions,
mais aussi le fait qu'ils lui permettent de mieux faire tourner sa fameuse roue.
Jean Boccace, *Des cas des nobles hommes et femmes*, vers 1435-1440. Paris, BnF, ms. fr. 229, f° 221. © BnF.

Thème d'ailleurs reprit dans *Le Roman de Fauvel* : Fortune, qui habite à Macrocosme, toujours présente avec ses roues, prononce un long discours au cours duquel elle annonce l'existence de deux niveaux : le présent et la destinée individuelle, et au-delà un ordre préétabli « dont le garant ultime est le Créateur, et dont la dame à la roue est l'exécutrice des basses œuvres. Cet ordre est effrayant, mais il possède sa rationalité ; il échappe la plupart du temps aux humains, qui n'en voient pas les tenants et les aboutissants, et qui sont confrontés à l'absurdité, voire au scandale, des événements » (A. Strubel). Ainsi parle Fortune : « Providence et Destinée, Fortune et Fate, voilà mes noms, Et je suis la fille de cet être gigantesque [le Créateur] C'est lui qui me fait

bonne et douce les trompe, les dupe et les met à mal. […] Elle leur montre le visage de la loyauté quand elle leur distribue ses joyaux, qui sont amours et richesses, dignités et honneurs, et elle leur promet la stabilité dans un état de permanent changement, et les repaît de vaine gloire dans le bonheur de ce monde, lorsqu'elle les installe au sommet de sa roue ». C'est en effet le thème habituel de Fortune : les gens gâtés par la fortune et ses bienfaits sont au sommet de sa roue ; puis, tout à coup, cette dame tourne cette même roue et voilà les rois, les hauts seigneurs, les gens riches, qui se retrouvent à terre, ou en difficulté dans des positions intermédiaires entre la montée et la descente. Ce qui ne signifie d'ailleurs pas que les plus modestes ou les plus pauvres se retrouvent à leur tour au sommet de la roue : avec Fortune, on tombe souvent de haut, mais on se redresse rarement !

faire et régler […] Je distribue la chance, bonne ou mauvaise. Personne ne peut compter sur moi. » Et elle ajoute la formule consacrée : « […] les riches vivent dans la crainte et les pauvres dans une grande espérance, et croient toujours que Fortune en tournant leur donnera quelque faveur. C'est pourquoi, en ce monde hasardeux il n'y a personne qui soit tout à fait heureux. »

Dans *Le Roman de la Rose,* Jean de Meung écrit qu'il vaut finalement mieux avoir « fortune mauvaise et contraire que douce et bonne. […] car la fortune

mmence le prologue du tiers
r du liure de Jehan bocace
s des nobles hommes

Eurculo atendue la mutacion
choses et des temps et des sieur
aussi vault ung prueter caffer

Le désespoir du pauvre
et la mélancolie du riche

Dans une société où tout est régi et prévu par Dieu, est-il fondé, et même permis, de se laisser aller au désespoir ? Accablé par une succession de malheurs, on imagine le paysan se laissant tomber au milieu d'un champ, criant son infortune, songeant au renoncement. Mais derrière lui, sa famille attend, elle a faim. Le suicide est interdit par la religion, considéré comme un crime. Que faire ? Il doit continuer à y croire, croire en l'arrivée inéluctable des jours meilleurs, mais en aucun cas remettre en question la façon dont s'organisent la société et celle dont Dieu fait ses journées.

Pourtant, à partir de la seconde moitié du XIIIᵉ siècle, on commence à voir poindre une thématique poétique de l'âme poussée au désespoir. Jusque-là, l'âme était triste de ne pouvoir être aimée par la dame des pensées. Mais il s'agissait de poésie de gens de cour,

de nobles troubadours qui parlaient plus de mélancolie que du désespoir dû aux malheurs de la vie. À partir du XIIIᵉ siècle, le poète se fait vilain. Rutebeuf, François Villon deux siècles plus tard, poussent leurs complaintes contre le mauvais sort. Cela devient même un topos. Maintes chansons commencent comme *Le dit de la grièche d'hiver* de Rutebeuf :

> *Au temps où l'arbre s'effeuille*
> *Sur la branche il ne reste feuille*
> *Qui n'aille à terre,*
> *Comme la pauvreté me terrasse*
> *Et de partout me fait la guerre,*
> *Au temps d'hiver*
> *Je commence mon dit lamentable :*
> *Une pauvre histoire !*

De gauche à droite : l'allégorie du désespoir, le sacrement de l'extrême-onction et l'allégorie de l'espérance.
Bréviaire de Belleville, vers 1323-1326. Paris, BnF, ms. latin 10483, fᵒ 17v. © BnF.

Lamentations des marins face à la cité de Babylone. Ils se désolent devant l'aspect de la ville en s'arrachant les cheveux.
Douce Apocalypse, vers 1265-70. Oxford, Bodleian Library, ms. Douce 180, fᵒ 76. © Bodleian Library.

Pour le poète de la seconde moitié du XIIIᵉ siècle, s'annoncer pauvre et gueux devient une sorte de posture, même si cela ne correspond pas forcément à une réalité biographique. En tout cas, le thème des gueux, de la dureté de la vie et des traîtrises de la Fortune sont des thèmes porteurs à partir de cette époque (la plupart des poèmes de Rutebeuf sont des commandes) qui sont autant d'indices d'une certaine prise de conscience que *L'Enfer* de Dante (au début du XIVᵉ siècle). Prise de conscience ne voulant pas dire pour autant : acceptation. Mais à une époque où, successivement, les chances de sauver Jérusalem sont devenues nulles, où le bon roi Saint Louis meurt de la peste, où des querelles dynastiques éclatent un peu partout en Europe, où les valeurs féodales du XIᵉ siècle sont définitivement caduques, une sorte de mélancolie, de peur de l'avenir et de sentiment que les beaux temps sont derrière soi (le temps du bon roi Saint Louis, dira-t-on bientôt) envahissent la littérature et les consciences des Grands. Il est possible qu'une grosse

dépression ait ainsi envahi l'Occident. Inutile de dire que le Grand Schisme d'Occident (qui verra deux papes s'affronter !), puis la guerre de Cent Ans, la peste noire et les ravages provoqués par les Compagnies ne vont pas arranger les choses !

Le riche peut se sentir lui aussi lésé par son sort. Il ne se laisse pas tomber sur le bord de la route en poussant des gémissements. Mais il peut sombrer dans une profonde mélancolie. Ce sont ces visages noirs, aux lèvres tombantes, que l'on remarque sur certaines toiles de la période flamande du XVᵉ siècle, ces faces graves, solennelles, parfois franchement tristes. Charles le Téméraire, duc de Bourgogne, était connu pour ses terribles crises de dépression, qui pouvaient se transformer aussi bien en colères terribles qu'en totale apathie. Ce n'est pas là folie : mais une réaction de défense contre la crainte de voir sa construction étatique s'effondrer, ses objectifs non atteints. On attribuait d'ailleurs ses dépressions à l'héritage génétique de sa mère portugaise, enfant du pays des *fados*. Klaus Schelle, l'un des

Suicide de Lucrèce. Le désespoir peut pousser à un acte désespéré,
mais le suicide est un péché mortel et empêche notamment d'être enterré en terre bénite.
Aussi les suicides étaient-ils généralement dissimulés par la famille.
Jean Boccace, *Des cleres et nobles femmes*, vers 1488-1496. Paris, BnF, ms. fr. 599, f° 42v. © AKG.

meilleurs biographes du quatrième duc de Bourgogne, parle de « ce sentiment de la fragilité, de la précarité des choses humaines, si profondément ancré dans la nature du Téméraire ». « La lutte continuelle de l'esprit contre la nature a dû lui coûter des efforts énormes. Elle a fini par le dévorer et c'est ainsi que nous voyons, à la fin de sa quarante-quatrième année, alors que menace la catastrophe, une étrange paralysie s'emparer de lui : "Plutôt la mort…" »

Le riche peut se permettre l'état mélancolique : on continuera de venir lui apporter son repas, il ne sera pas chassé de chez lui parce qu'il reste cloîtré dans la salle de son palais, assis sur son trône, à fixer, l'air hagard, un point particulier de la pièce. Il ne reste au paysan désespéré qu'à serrer les poings et à reprendre son travail de Sisyphe sans pouvoir donner corps à sa colère ou à son désespoir.

Concrètement, explique Colette Arnould, « la mélancolie apparaît comme tristesse, dégoût de la vie : elle est un déséquilibre, et ce déséquilibre vient du corps, lequel à son tour influence l'âme. La thérapeutique est donc simple : il faut se libérer de ces mauvaises humeurs, ne plus laisser place au vide néfaste dont elles profitent pour envahir l'âme et, pour cela, le mieux est

Charles le Téméraire en deuil à la mort de Philippe le Bon.
Georges Chastellain, *Chronique des ducs de Bourgogne*, début du XVIᵉ siècle. Paris, BnF, ms. fr. 2689, fᵒ 10v. © AKG.

de s'en tenir à un sain emploi du temps, ce qui pour le Moyen Âge a en outre le mérite de donner à l'Église un droit de regard sur les moindres comportements de la vie quotidienne. La mélancolie d'ailleurs n'est pas seulement lassitude, désintérêt, elle conduit au mal, c'est-à-dire au Diable, qui sait mettre à profit de telles dispositions ».

Peut-on parler ici de dépression, de stress ? Autrement dit d'état d'angoisse, de paralysie, de frustration et de fatigue ? « Les termes utilisés aux temps médiévaux montrent qu'on était plutôt sensible à l'attitude d'abattement du malade qu'à sa surexcitation anormale : on dit *langor*, *stupor*, *indolentia* ; on s'interrogeait sur l'origine caractérielle de l'abattement. » (R. Fossier).

Vieillard triste.
Missel romain, vers 1370.
Avignon, BM, ms. 136, f° 326v.
© IRHT-CNRS.

La *Consolation* de Boèce

Il ne faut d'ailleurs pas confondre désespoir, mélancolie, et simple tristesse d'un moment. Au Moyen Âge, on pleure volontiers en public, y compris si on est un guerrier ou un responsable politique. Encore plus si on est un anonyme. Les deuils publics donnent parfois l'impression qu'il arrive un événement catastrophique. Les prédications suscitent l'émotion larmoyante des auditeurs, qu'ils fussent des petites gens ou des dignitaires. Louis XI pleura lors d'une entrée à Arras.

Il ne faudrait pas croire non plus que l'on se soit borné à dire que de se laisser aller au désespoir est signe d'impiété et qu'il faut donc se relever. Parfois la peur et le malheur sont si grands qu'il faut toute une réflexion, toute une mise en scène pour parvenir, au moins un temps, non à y échapper, mais à s'en *consoler*.

Anicius Manlius Severinus Boethius, dit « Boèce », est emprisonné en 525 par le roi Théodoric, dont il a été un proche, mais avec qui il finit par avoir des divergences politiques. Il est torturé, sait qu'il va être mis à mort. Le désespoir, la souffrance, l'effroi sont ses compagnes quotidiennes. La seule façon de lutter contre, pour cet homme d'une culture immense et d'une grande virtuosité littéraire, c'est de construire son « chef-d'œuvre », un dialogue philosophique, mais qui va bien au-delà de ce genre, qui rassemble toutes les questions qui assaillent la pensée humaine depuis Aristote et Platon, notamment le libre arbitre de l'homme. Pour Boèce, la façon d'endiguer la douleur et la terreur, le désespoir et le renoncement, c'est de montrer de quoi il est capable : de faire œuvre ultime, de s'offrir à la postérité, mais aussi de se parler à lui-même, de résumer tout ce qui suscita en lui intérêt et interrogations. Une telle force de caractère, présente, dans ces pages, fait qu'on s'est, tout au long du Moyen Âge, plus intéressé à l'homme Boèce qu'au fond de son discours.

Le temps du désespoir a un nom chez Boèce : la « léthargie ». C'est le moment où, obscurci par les événements factuels, on oublie qui on est. Ce n'est que lorsqu'on se souvient de qui on est, qu'on en revient à ce qui est son objectif premier (ici, rédiger un chef-d'œuvre), que l'on échappe à cette léthargie.

Page de droite
Boèce et ses élèves
en prison.
Boèce, *De la consolation
de la philosophie*, 1385.
Glasgow, University Library,
ms. Hunter 374, f° 4.
© Bridgeman.

qui edam studio florente peregi

Flebilis heu mestos cogor inire modos.

Ecce michi lacerent ducerit scribenda camene

Et ueris elegi fletibus ora rigant.

Si on veut brosser à (très) grands traits l'Histoire en périodes de prospérité et de renouveau d'une part, et en périodes de dépression d'autre part, on peut dire que la période allant de 780 à 830, celle dite de la renaissance carolingienne, est plutôt une période heureuse, aussitôt suivie d'une plus longue où la seconde vague d'« invasions barbares » et les nombreux conflits dynastiques, engendrent ravages et ruines, et qui s'étend sur plus d'un siècle. Puis, on assiste à une véritable période d'essor en tous genres (politique, économique, démographique, artistique) qui va du XIᵉ au XIIIᵉ siècle inclus. Les choses changent sérieusement vers 1310.

Plus que toute autre période, le XIVᵉ siècle semble avoir connu ce type de situation dépressive : des prix de matières premières à la hausse, de nouvelles lois plus sévères, des séries de catastrophes climatiques à répétition, de plus en plus de mendiants dans la ville, des commerçants en faillite toujours plus nombreux, une guerre qui n'en finit pas, les dévastations des routiers, les épidémies à répétition (dont la terrible et célèbre peste noire), les révoltes populaires dans les cités…

Nombreux sont du reste les historiens de l'art qui ont remarqué que l'art pictural roman ne présente que des sujets graves et des visages angoissés, voire terrorisés (ce qui est moins fréquent, en tout cas moins systématique avec l'art gothique). D'autres, au contraire, estiment que c'est au début du XIVᵉ siècle que les représentations de l'art se font plus morbides, tandis que les historiens des populations font depuis peu des constats qui n'ont pu échapper aux édiles de l'époque : un début de chute démographique, déjà déclenchée avant même l'arrivée de la peste noire (laquelle, bien entendu, accentua violemment le phénomène). En fait, la situation économique était déjà désastreuse, on sortait d'un long règne (celui de Philippe le Bel) où on avait été obligé de « jouer » avec la monnaie (d'où la réputation qui lui était faite d'être un faux-monnayeur). Comme le dit Robert Fossier, « la peste a frappé des hommes affaiblis, voire

Existe-t-il des périodes de dépression ?

A priori, la question n'a aucun sens. Cela signifierait que toute une population, à un moment donné, douterait d'elle-même et de ceux qui la dirigent, vivrait un présent défavorable et ne croirait plus en l'avenir. Si, à une époque, on faisait volontiers de l'Histoire à partir de grands blocs sociaux ou événementiels, on considère aujourd'hui, surtout pour ce qui touche une période comme le Moyen Âge, que l'Histoire unificatrice n'a aucun sens.

L'histoire récente a toutefois montré qu'en de certaines occasions, il peut exister des périodes dépressives : la crise de 1929, la montée du fascisme et du nazisme en sont une parfaite illustration. Peut-on parler de situations similaires au cours du Moyen Âge ?

Conseil présidé par Fauvel. Le cheval roux devenu roi symbolise le mauvais gouvernement et la société sombrant dans la décadence. Le *Roman de Fauvel* est l'une des plus sévères satires du XIVᵉ siècle. Gervais du Bus, *Roman de Fauvel,* vers 1316-1320. Paris, BnF, ms. fr. 146, f° 15v. © BnF.

déjà malades ». Un signe des temps qui n'est pas pour rassurer : dans *Le Roman de Fauvel,* datant du premier quart du XIVᵉ siècle, lorsque est décrite la cour royale, on suit dans un premier temps la démarche classique qui consiste « à s'en prendre aux mauvais conseillers pour ne pas écorner le prestige de la figure du souverain » (ce qui est le cas par exemple pour *Le Roman de Renart*). Or, dans *Fauvel,* le cheval roux est couronné, devient roi, et, pour la première fois, la royauté n'est pas épargnée par la satire. Fait d'autant plus inquiétant qu'à la lecture du roman, on n'a aucune peine à reconnaître l'époque où se situerait l'histoire : la fin du règne de Philippe le Bel !

S'agissant de la seconde moitié du XVᵉ siècle, qui a pourtant vu le ralentissement des épidémies et des famines et la fin des guerres privées et de la guerre de Cent Ans, l'époque est souvent décrite comme une période mélancolique, « un automne », selon l'expression de Johan Huizinga, qui écrit d'ailleurs : « L'époque a-t-elle donc été plus malheureuse que les autres ? On serait parfois enclin à le croire. Si l'on interroge la

Jérémie se lamente sur les ruines de Jérusalem. La représentation de scènes de détresse, d'affliction, de plaintes est monnaie courante au XVᵉ siècle. Signe des temps… ou effet de mode ? *Bible,* début du XVᵉ siècle. Londres, British Library, ms. Royal 1 E IX, f° 206. © British Library.

Allégorie du mauvais gouvernement et de la tyrannie. Il s'agit ici d'un détail de la fresque, représentant le Diable qui, bien entendu, est à l'origine du mauvais gouvernement, et son principal bénéficiaire.
Ambrogio Lorenzetti, *Effets du Mauvais Gouvernement dans la ville* (détail), vers 1338-1340. Sienne, Palazzo Pubblico. © AKG.

tradition : historiens, poètes, sermons, traités religieux, et les sources officielles elles-mêmes, on n'y trouve guère que haine, querelles, méfaits, cupidité, brutalité et misère, et l'on se demande si cette époque n'a connu d'autres joies que celles de l'orgueil, de la cruauté et de l'intempérance, s'il n'y a eu nulle part de paisible joie de vivre. » Toutefois, Huizinga remarque aussi qu'il peut s'agir d'une sorte de posture : « Au XVe siècle, ce n'était ni de mode ni de bon ton, pourrait-on dire, de louer ouvertement la vie. Il convenait de n'en mentionner que les souffrances et le désespoir. »

De toute façon, toute période est vécue comme une mauvaise période, la précédente étant toujours meilleure : les contemporains du roi Louis VII jugeaient l'époque de son père, le batailleur Louis VI, comme meilleure car celui-ci se comportait comme un vrai chevalier… mais les contemporains de Philippe Auguste jugeaient l'époque de son père Louis VII meilleure, car celui-ci était pacifique et sage contrairement à Philippe qui conquiert des terres aux dépens de ses vassaux. Les contemporains de Philippe le Bel préfèrent le temps du bon roi Louis IX ou Saint Louis (on peut dire d'ailleurs que cette époque est évoquée comme un véritable âge d'or au cours du Moyen Âge… sauf bien sûr par les contemporains de Louis IX qui n'eurent apparemment pas conscience de vivre une époque « paradisiaque »), les contemporains de Charles VI ont regretté Charles V et ceux de Louis XI pleurent sur le règne de Charles VII (qui fut pourtant loin d'être populaire de son vivant). C'était mieux avant ! Et comme cette règle prévaut toujours, nous pouvons aisément remonter à l'époque du Paradis terrestre.

y Commence le sixiesme
liure de Jehan boccate z
contient le parlementer
de fortune, et de lacteur

do ce liure, et si raconte en brief
les cas de aulcuns matheureux
nobles princez chappez en com
ce ou latin

LE SENTIMENT D'INSÉCURITÉ

C'est bien sûr un aspect à peu près impossible à quantifier ou à identifier. Les temps sont peu sûrs, estime-t-on, mais c'est toujours par rapport à nos propres critères. Ce que nous redoutons de nos jours était-il vraiment mal vécu par nos ancêtres. Par ailleurs, jusqu'à quel point se sentait-on peu sécurisé ? Par rapport à quoi ?

L'image d'un Moyen Âge constitué de brigandages, de pillages, de ravages, avec des chaumières calcinées et des paysans pendus à un arbre (sans compter leurs femmes violées et leurs enfants emprisonnés), n'est-il pas exagéré ?

Deux périodes, qui se positionnent d'ailleurs aux deux extrêmes chronologiques, semblent tout de même avoir été particulièrement médiocres s'agissant des conditions de sécurité. La première se situe autour du IXe siècle avec les Vikings. La seconde, peut-être encore pire, entre 1350 et 1450, à l'époque des Grandes Compagnies et des Écorcheurs. Par ailleurs, maintes villes sont touchées par la guerre civile.

Page de gauche
Sur cette enluminure, sont représentés des scènes de guerre, mais aussi des assassinats, et d'autres d'exécutions par la pendaison, le bûcher, l'ébouillantement… autant de châtiments ayant pour but de sanctionner un criminel, mais aussi de faire réfléchir la population.
Jean Boccace, Des cas des nobles hommes et femmes, 1465.
Chantilly, Musée Condé, ms. 860, f° 190. © RMN.

En haut
Répression d'une Jacquerie dont les membres sont décapités. À la violence répond la violence. Ce sont ces représentations qui contribuent à faire du Moyen Âge une période globalement sombre et sanguinaire.
Chroniques de France ou de Saint-Denis, fin du XIVe siècle.
Londres, British Library, ms. Royal 20 C VII, f° 134v.
© British Library.

Là encore, il faut faire attention aux chroniques que nous lisons. Il ne faut pas oublier qu'un peu à la manière de nos journalistes, les chroniqueurs, qu'ils soient civils ou religieux, ne nous relatent généralement pas les moments de l'année où tout va bien. C'est l'événement particulier, le phénomène spectaculaire, qui retient leur attention. Cette première sélection faite, ces chroniqueurs vont en plus raconter ces événements avec les tournures et les attentes de l'époque. On peut imaginer que si trois cavaliers ont volé deux vaches dans la région, très vite, sous la plume d'un chroniqueur, on se retrouvera avec une compagnie de terribles brigands qui ont mis

à sac toute une province et ont tout ravagé sur leur passage. Bien sûr, cette amplification n'est pas générale et un ouvrage comme le *Journal d'un Bourgeois de Paris* paraît plutôt fiable. Par ailleurs, il est évident que la sécurité était loin d'être garantie sur les routes, que les pèlerins et marchands risquaient fort d'être dépouillés et que l'idée de traverser une forêt provoquait au minimum une certaine appréhension. Et cependant, les pèlerinages s'effectuaient, même en grand nombre, le commerce fonctionnait et il était difficile d'éviter systématiquement les forêts. On aura compris qu'on essaiera d'éviter, dans un sens comme dans l'autre, les conclusions excessives.

Le Moyen Âge est-il violent ?

Le Moyen Âge est-il si violent que cela ? On en parle toujours comme d'une période sombre. Peu de périodes sans guerre, sans invasions barbares ou sans que les Écorcheurs et autres pillards regroupés en armées ne viennent troubler une région. Sans compter qu'à la guerre régulière peut s'ajouter la guerre civile.

Enfin, remarque Robert Fossier, la violence est également verbale : « Les insultes touchant à l'honneur ou au sexe, les malédictions que l'on croit volontiers efficaces s'accompagnent de gestes de défi, de crachats, de bourrades. Beaucoup plus que les actes eux-mêmes, lésant les biens ou même les personnes, c'est l'injure,

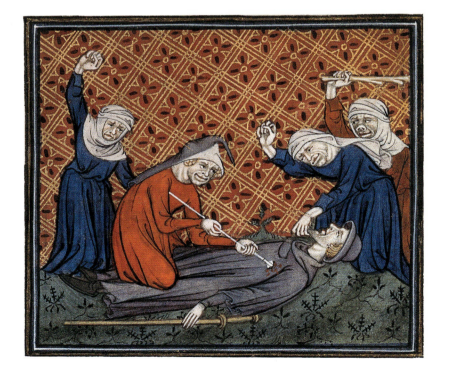

Ce pèlerin attaqué et dévalisé représente en fait Guillaume de Digulleville terrassé par les vices.
Guillaume de Digulleville, *Le Pèlerinage de la vie humaine*, 1393. Paris, BnF, ms. fr. 823, f° 74.

La guerre civile. Ici, la rébellion contre les comtes de Flandres en 1340, menée par Jacques van Artevelde.
Chroniques des Comtes de Flandres, 1477. Norfolk, Holkham Hall. © Bridgeman.

le "démenti" qui exigent réparation immédiate […]. Elle sera la source de la vengeance, en général armée, et rebondissant de génération en génération, si une rixe décisive n'a pas réglé la querelle. »

Le Moyen Âge est donc violent.

Pourtant, cette violence, du simple fait qu'elle choque encore au début du XVᵉ siècle un personnage aussi blasé que le Bourgeois de Paris, ne doit pas être partie intégrante du quotidien de l'homme médiéval. Le Moyen Âge est violent comme l'est le XXIᵉ siècle. Il se déroule des scènes, des événements horribles, et en même temps ceux-ci ne représentent pas la norme. Il y a des procès, des tentatives de conciliation, des négociations, toutes

sortes de démarches familières et codifiées qui tendent là aussi à prouver que la discussion est considérée généralement comme meilleure solution que la violence. Celle-ci est donc rejetée, discréditée. Une bonne conciliation, une bonne paix, sont apparentées au bon duc, au bon roi. Règne bien celui qui règne en paix.

Reste que les illustrations dans les livres, l'iconographie dans les églises, sont de plus en plus violentes, montrant notamment l'enfer, la guerre, les crimes et les exécutions. Mais peut-être, plus que d'être le reflet de la réalité, ces images cherchent-elles à canaliser la violence qui est en chacun ?

Des châtiments destinés à effrayer ?

Tout crime doit être puni et la punition doit être proportionnelle à la gravité du crime. Voilà un principe qui n'a finalement guère changé depuis le Moyen Âge, même si bien sûr le type de punition a beaucoup évolué (on brûle moins de gens de nos jours et il semble qu'on évite également de couper des langues). La plus grande différence, toutefois, entre la société de l'époque et la nôtre, c'est sans doute le principe de l'exposition.

Pour que le châtiment soit exemplaire, il convient en effet qu'il ait lieu en place publique et qu'une foule nombreuse y assiste. Il n'y avait d'ailleurs guère besoin de chercher à inciter les gens à se déplacer, ils venaient

En haut et à gauche
Des suspects sont torturés afin de déterminer leur innocence ou leur culpabilité, puis ils sont conduits en charrette sur le lieu de leur châtiment.
Valère Maxime, *Les Faits et les Dis des Romains et des autres gens*, vers 1473-1480.
Londres, British Library, ms. Harley 4375, f° 140.
© Kharbine-Tapabor.

Exécution publique du brigand Amerigo Marcel.
Jean Froissart, *Chroniques*, vers 1470-1472. Londres, British Library, ms. Harley 4379, f° 64. © British Library.

d'autant plus volontiers qu'on se repaissait de ce genre de spectacle, surtout s'il s'agissait de s'en prendre à quelqu'un qui avait, d'une manière ou d'une autre, provoqué la crainte parmi la population. Et puis, c'est une manière de se trouver un bouc émissaire pour les rancœurs de toutes sortes.

On peut attacher le condamné à une échelle, le mettre au pilori. Ce type d'exposition a souvent lieu les jours de marché, pour les motifs que l'on devine. On peut rajouter aussi la charrette d'infamie, rendue célèbre par le roman *Lancelot ou le Chevalier à la charrette*.

À droite
La torture faisait partie de l'arsenal juridique au Moyen Âge (et ceci jusqu'au XVIIIe siècle) et son évocation participe également du noir tableau de cette époque.
Valère Maxime, *Les Faits et les Dis des Romains et des autres gens*, vers 1473-1480. Londres, British Library, ms. Harley 4375, f° 39v.
© British Library.

Plus graves sont les peines de mutilations (la langue, le poing étant les exemples les plus fréquents). On entre ici dans une autre forme plus particulière, car on ne peut s'empêcher de penser que tout en jouissant sans doute de la souffrance du condamné, la foule frissonnait de crainte en essayant d'imaginer à quoi pouvait ressembler cette souffrance. C'est toute l'ambiguïté, que nous connaissons bien de nos jours, d'un public qui réprouve cette souffrance tout en étant fasciné par son spectacle.

Enfin, il y a le châtiment mortel, et on peut dire que la pendaison et la décapitation en sont les représentants les plus « doux ». En effet, il n'est pas rare qu'on rencontre des cas d'écartèlement, de noyade, parfois aussi d'enfouissement (moins connu et plus rare). Plus connus en revanche sont le supplice de la roue et le bûcher. Plus original était le cas des faux-monnayeurs, condamnés à être ébouillantés !

Là encore, il faut sans doute relativiser. Ces peines sont cruelles, mais leur application est loin d'être courante. Jean Verdon, qui a fait la synthèse des enquêtes sur le sujet, constate, pour le XVᵉ siècle, « qu'à Lyon, il n'y a qu'un seul condamné à mort tous les quatre ans à l'époque de Charles VI ». Cela dit, à la même époque, les pendaisons à Avignon sont assez fréquentes. « Les archives du Parlement de Paris permettent de constater que la peine de mort est considérée comme exceptionnelle. » Finalement, conclut Jean Verdon, « comme les hommes sont faits pour vivre en société, en France, à la fin du Moyen Âge, seuls subissent ce châtiment ceux qui sont alors considérés comme asociaux ». Des châtiments dont le but est bien entendu de faire peur.

À gauche
Exécution d'Enguerrand de Marigny, principal ministre de Philippe le Bel, sur le gibet de Montfaucon le 30 avril 1315.
Chroniques de France ou de Saint-Denis, fin du XIVᵉ siècle. Londres, British Library, ms. Royal 20 C VII, fᵒ 5. © British Library.

Page de droite
L'un des plus terribles châtiments : l'écartèlement. Ici, il s'agit de l'exécution de Brunehilde (laquelle, en réalité, aurait été attachée à un cheval qui l'aurait traînée par terre, lui cassant ainsi les membres).
Jean Boccace, *Des cas des nobles hommes et femmes*, 1465. Chantilly, Musée Condé, ms. 860, fᵒ 296. © Bridgeman.

E Roy de hongrie
qui auoit sa ordon
nees ses batailles
appella apart le
conte de neuers le conte de la
marche · Les enfans de bar.
Le seigneur de Coucy Ladmi
ral de bienne Bouciquault Le
seigneur de la tremoisse et les
autres grans barons et remon
stru que meilleur estoit que

lui et ses gens feissent lauant
garde et entraissent les prem
ers dedens les turcqz tant par
ce que les hongres auoient a
prinse de long temps ses ma
niers de leur combatre et par
ce ses endurcroient mieulx.
comme par ce quil congnois
soit que ses gens de hongrie e
stoient de si petite constance
que sil aduenoit quilz feussent

Même au Moyen Âge, la guerre est aussi affaire de matériel.
Bible de Maciejowski, vers 1245. New York, Pierpont Morgan Library, ms. M638, f° 23v.

 # La guerre

Si, donc, le brigandage est quelque chose de particulièrement redouté par les populations, il semble en revanche que le cas de la guerre soit plus complexe.

Longtemps, les guerres privées ruinèrent des régions entières. Des luttes pour la possession d'un château comme pour celle d'une province pouvaient diviser des familles pendant plusieurs générations. Parfois, d'ailleurs, la querelle pouvait concerner simplement un point d'honneur, ou le simple plaisir de guerroyer.

Toutefois, sous le règne de Louis VII (XIIe siècle), ce qu'on appelle la Paix de Dieu commence à s'imposer peu à peu dans les mentalités seigneuriales. Le nombre des guerres privées va aller en décroissant sérieusement. D'autres guerres vont apparaître, aux dimensions plus internationales. Curieusement, elles ne font pas toujours autant de ravages que les interminables guerres privées.

Page de gauche
La bataille de Nicopolis en 1396, qui vit s'affronter des croisés occidentaux et l'armée turque, fit un nombre considérable de morts.
La particularité de cette enluminure est qu'elle privilégie le nombre de combattants, laissant prévoir un choc terrible
entre les deux armées. Auparavant, on montrait plutôt une poignée de valeureux chevaliers.
Sébastien Mamerot, *Les Passages d'outremer faits par les François contre les Turcs depuis Charlemagne jusqu'en 1462*, vers 1474-1475.
Paris, BnF, ms. fr. 5594, f° 263v.

leurs bezoignnes et ordon
nances et ce que ie dense
my et determineray en ce

bataille de crecy entre le roy
france et le roy dangleter
refise ou voie bretaigne

La bataille de Crécy en 1346, triste illustration des guerres du XIVe siècle.
Jean Froissart, *Chroniques*, vers 1470-1475. Paris, BnF, ms. fr. 2643, f° 165v. © BnF.

Ce que craignent les populations, à partir de la fin du XIIe siècle, ce sont peut-être plus les conséquences de ces guerres d'un nouveau genre que des combats proprement dits. Contrairement à ce qu'il en a été de nos guerres modernes, la lutte entre deux armées au Moyen Âge ne faisait pas forcément beaucoup de ravages parce qu'elle était de peu d'étendue. Regardons, par exemple, l'un des plus importants conflits du Moyen Âge, mettant en péril le royaume, celui opposant Philippe Auguste à l'Angleterre, l'Allemagne, la Flandre et le comte de Boulogne (il faudra attendre Louis XIV pour que la France connaisse une telle coalition contre elle). Or, cette affaire fut réglée en une seule bataille : celle de Bouvines.

Deux siècles plus tard, en 1415, a lieu la bataille d'Azincourt. Là aussi, il s'agit d'une bataille rangée, mais beaucoup plus acharnée, beaucoup plus sanglante : les trois quarts de la noblesse française furent décimés ce jour-là et on estime généralement qu'elle ne s'en remit jamais. Le pays alentour ne fut pas ravagé du fait de cette bataille, mais Azincourt prouve qu'on tuait beaucoup plus facilement et rapidement, avec les arcs des Anglais, mais surtout avec les masses et les bombardes, jamais utilisées en si grand nombre jusqu'à présent. Il n'en reste pas moins que ces grandes batailles rangées sont peu nombreuses et ne dépassent guère le cadre d'un lieu naturel et de quelques escarmouches.

Lors des guerres, de nombreuses villes sont incendiées.
Guillaume de La Pierre, *Histoire de Merlin*, vers 1480-1485. Paris, BnF, ms. fr. 91, f° 87. © BnF.

Mais au-delà de ces batailles, trois conséquences liées à la guerre pouvaient réellement susciter la peur :

– d'abord, l'augmentation des impôts ; étant donné les conséquences que cela avait pour un ménage modeste, la guerre était donc tenue pour dommageable y compris quand elle avait lieu à l'extérieur. L'enthousiasme pour les croisades a ainsi fini par retomber face au pragmatisme de la vie quotidienne ;

– les sièges des villes. Ils pouvaient s'avérer longs et provoquer des ravages parmi les rangs d'une population affamée, mais aussi bombardée (sans compter ce que risquaient ceux qui se rendaient…) ;

– et puis, plus particulièrement vers la fin du Moyen Âge, il arriva qu'une armée régulière se répandît systématiquement en pillages divers sur des territoires qu'elle était pourtant censée conquérir. On peut dire que la guerre de Cent Ans est particulièrement propice à ce type de nouveautés, d'abord du fait que certaines troupes sont composées de mercenaires et de ce qu'on a appelé les Écorcheurs (voir chapitre suivant). Toutefois, il a pu arriver que des seigneurs ou souverains, à la tête de leurs propres armées, décident

de ravager toute une région. L'un des mauvais souvenirs de cette période est celui qu'a connu la Somme dans les années 1472, lorsque les troupes de Charles le Téméraire ont par exemple détruit la ville de Nesle et massacré ses habitants le 11 juin de cette année. On imagine ce qu'ont dû ressentir les habitants de Beauvais qui se défendirent avec acharnement lorsque les Bourguignons vinrent les assiéger (les femmes combattant sur les murailles, notamment la fameuse Jeanne Hachette).

Un chevalier tient une bannière sur laquelle est inscrite la devise : « Honnie soit qui mal y pense ! »
Jean de Wavrin, *Anciennes et nouvelles chroniques d'Angleterre*, vers 1471-1483. Londres, British Library, ms. Royal 15 E IV, f° 14. © British Library.

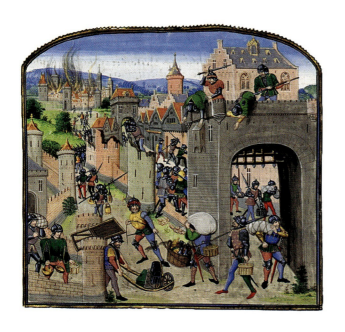

Les grandes compagnies, routiers et autres écorcheurs

Si de tout temps il y a toujours eu des mercenaires qui se sont vendus aux plus offrants, il semble que le phénomène se soit largement amplifié à partir de la guerre de Cent Ans. Venus de toute l'Europe, ils venaient en France participer à la guerre tout en espérant pouvoir participer aux pillages qui ne manqueraient pas d'avoir lieu. Comme il n'était pas toujours évident de payer les soldats d'une manière générale, leurs chefs étaient bien obligés de fermer les yeux sur leurs excès qu'on autorisait plus ou moins en guise de compensation.

En haut à gauche
Prise de Grammont en 1380. La ville flamande était en révolte contre son nouveau seigneur, Philippe le Hardi, lequel réprima durement la rébellion et laissa ses troupes effectuer un pillage en règle. Parfois, les troupes régulières pouvaient se comporter aussi mal que les Grandes Compagnies.
Jean Froissart, *Chroniques*, vers 1470-1475. Paris, BnF, ms. fr. 2644, f° 135.

Ci-dessous
Le sac d'une ville : incendie et pillage.
Venise, Biblioteca Nazionale Marciana, XIVe siècle. © Dagli Orti.

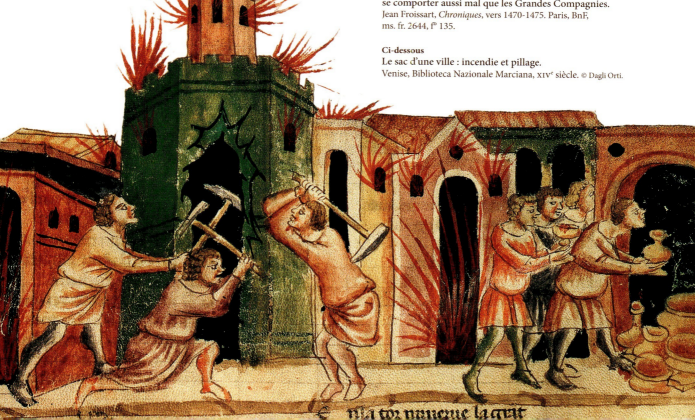

Pillage de la ville de Jérusalem par le roi syrien Antiochos IV Épiphane en 170-168 avant J.-C.
Comme souvent, sous prétexte de relater un événement ancien et biblique, on rend compte d'une triste actualité.
Jean de Coucy, *Chroniques*, xvᵉ siècle. Paris, Br.F, ms. fr. 20124, fᵒ 331.

Le phénomène qui semble bien naître à partir de ces années 1340, c'est que tous ces petits groupes de routiers et de mercenaires pillards se regroupèrent peu à peu, formant d'importantes armées. Loin d'être désorganisées, celles-ci se trouvaient en général un chef, souvent un membre de la petite noblesse, parfois un cadet sans héritage, ou un chevalier sans seigneurie. Ce chef se charge en premier lieu de trouver à son armée un

roi ou un prince pour le compte duquel combattre, du moins tant que celui-ci pouvait les payer ou, tout au moins, les nourrir.

Tant que la guerre durait, ces hommes étaient occupés et ne se comportaient pas plus mal que les autres soldats. Mais dès que la guerre s'achevait, ils se retrouvaient sans chef, sans paie, sans nourriture, et ils traversaient alors le pays pour se servir, ravageant tout sur leur passage, mettant à sac un château, pillant une ville, dévastant une région. Tout tremblait devant eux, aussi bien les pauvres gens que le pape lui-même qui, dans sa forteresse d'Avignon, se vit menacer par l'un des plus célèbres chefs de ces bandes, Arnaud de Cervole, surnommé « l'Archiprêtre ». Benoît XII dut lui verser un tribut pour avoir la paix.

Ces routiers traversaient toutes les régions sans distinction, réussissaient parfois à s'emparer d'un château et, y établissant leur quartier général, ils régnaient en maître sur toutes les terres alentour, faisant vivre un calvaire aux habitants. On peut dire sans risque que pour le peuple français, le pire souvenir de la guerre de Cent Ans aux XIVe et XVe siècles fut les incursions des Grandes Compagnies, et non l'invasion anglaise. On s'en rend compte d'ailleurs quand on constate, comme le fait Stéphane-William Gondoin, qu'un peu partout dans le royaume, les villes, les villages, les propriétés bâtissent des remparts, des fortifications.

Il faudra l'intervention des deux souverains les plus habiles des XIVe et XVe siècles pour résoudre le problème : tout d'abord Charles V organisera une guerre en péninsule Ibérique sous prétexte d'intervenir dans le conflit pour le trône de Castille en emmenant les Compagnies. Celles-ci ne cesseront de passer et de repasser les Pyrénées dans un sens puis dans un autre, mais peu à peu, vers 1380, il ne reste plus que des débris des grandes cohortes qui terrorisaient le pays. Puis, au cours du siècle suivant, la guerre reprend et, à nouveau, de nouvelles compagnies se forment, moins importantes, toutefois, qu'à l'époque de Charles V, mais

qui répandent tout de même la terreur. Le dauphin Louis, futur Louis XI, est chargé par Charles VII d'aller régler un conflit entre les Suisses et les Habsbourg d'Autriche. Excellente occasion pour entraîner un maximum de routiers, qu'on appelle désormais les Écorcheurs, à l'étranger. Ils étaient près de vingt mille, la moitié n'ayant pas d'autre arme qu'un couteau. Une bonne partie d'entre eux resta sur le champ de la première bataille. Par la suite, il en revint en France, mais on n'entendit plus guère parler de ces troupes d'Écorcheurs : entre-temps, Charles VII puis Louis XI créaient l'armée permanente, instrument puissant qui allait sonner le glas de ces troupes de mercenaires dont on n'avait plus besoin et contre lesquelles on pouvait désormais lutter.

La raison de vivre du routier :
la guerre, la destruction et le pillage.
Guillaume de Tyr, *Historia rerum in partibus transmarinis gestarum*, vers 1479-1480.
Londres, British Library, ms. Royal 15 E I, f° 333.
© British Library.

La guerre de Cent Ans a produit des bandes armées de mercenaires qui pillent et rançonnent pour vivre.
Ici, un homme d'armes est attaqué et mis en pièces par une de ces bandes d'« écorcheurs ».
Jean de Wavrin, *Chronique d'Angleterre,* XVe siècle. Paris, BnF, ms. fr. 76.

LA PEUR DE L'AUTRE

Cette fameuse peur de l'autre est un des thèmes qui apparaît le plus fréquemment lorsqu'on veut écrire un ouvrage sur la mentalité des hommes du Moyen Âge. Sachant d'ailleurs que cet « autre » désigne un nombre considérable d'individus, voire même les neuf dixièmes de la planète : l'autre, c'est la femme, c'est celui qui vient d'un autre village, c'est celui qui est gaucher, roux, qui a une malformation physique, c'est le juif, le musulman, c'est celui qui n'est pas de la même corporation… Au final, pour ne pas être un « autre », il faut être du même village, de la même famille, du même sexe et de la même profession. Seul le fait d'être d'une autre génération est admis, surtout si vous êtes le fils aîné. Aussi, là encore, il faut être extrêmement prudent : tout ce qui précède participe réellement au mythe de l'« autre », mais certainement pas dans l'esprit d'une seule personne. Celui-là qui se méfiera des femmes accordera, sinon son amitié, du moins sa compassion à un « pauvre d'esprit » (surtout si celui-ci peut l'aider à travailler). Tel autre qui, tant qu'il vivait dans son village, avait du mal à s'accorder avec ceux habitant de l'autre côté de la forêt, va tout à coup, au cours d'un voyage pour se rendre à une foire par exemple, sympathiser avec des marchands provenant de pays étrangers. Il y a les préjugés, tenaces, et puis il y a les circonstances. Lorsqu'on parcourt la littérature du temps, on s'aperçoit que les préjugés ne dépassent souvent pas le cadre de réflexions désobligeantes, ou d'observations méfiantes, puis les circonstances font que l'homme médiéval va tendre la main, s'associer avec l'autre.

À ceci près que l'« autre », bien entendu, c'est aussi l'un des nombreux dénominatifs du Diable !

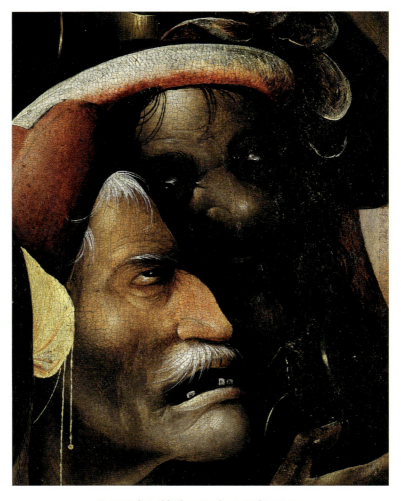

Le regard terrible des uns, observant les autres.
Jérôme Bosch, *Le Portement de Croix avec sainte Véronique (détail),* 1490.
Gand, Musée des Beaux-Arts. © Dagli Orti.

Méfiance envers l'étranger

« La xénophobie, écrit Robert Fossier, est un sentiment animal universel : il se fonde sur une réaction de rejet quasi biologique, vis-à-vis de celui qui n'est pas de même sang, de même tribu ou de même nature ; et l'homme, à cet égard, ne diffère des autres bêtes que par l'effort, plus ou moins difficile, qu'il fait pour dominer cette pulsion négative. Les Anciens avaient largement contribué à conforter cet individualisme hostile. Même les philosophes les plus ouverts au monde classaient les hommes. Les siècles médiévaux ont été profondément hostiles à l'étranger. Non tant par son altérité biologique, sa carnation, sa pilosité, ni même peut-être sa langue ou sa religion ; mais parce qu'on soupçonne en lui des mœurs propres à son groupe d'origine : l'imaginaire se substitue alors à la connaissance. L'étranger est porteur de menaces ; il est en dehors des réseaux collectifs ; on doute de son sens de l'honneur ; il est vite accusé de forfaits, de fraudes, d'empoisonnements. »

Page de droite
Un homme se cache dans un arbre pour échapper à la vindicte de la population.
Les Fable de Bidpaï, vers 1480. Chantilly, Musée Condé, ms. 680/1389. © AKG.

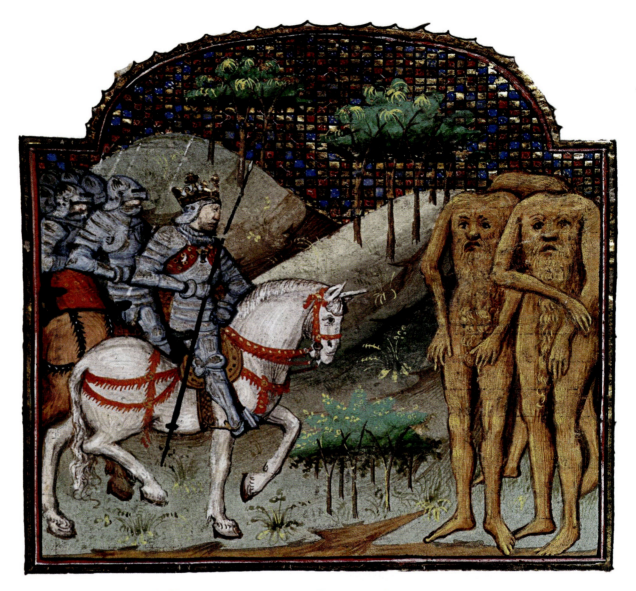

Les Blemmies, une monstrueuse race d'hommes avec leurs têtes sur leurs corps.
Comme toutes les époques, le Moyen Âge « s'est inventé » des personnages qui font peur.
Poèmes et romances, vers 1444-1445. Londres, British Library, ms. Royal 15 E VI, f° 21v. © British Library.

Ces remarques sont un bon résumé de ce qui semble être la situation de l'étranger. On n'est pas dans le même domaine que pour le monstre. Le monstre est *monstrable* (montrable) car il est un signe de Dieu. L'étranger est « étrange » car, venant d'ailleurs, il est différent. Il n'est donc pas forcément considéré comme une créature du Diable, mais simplement, comme il ne peut avoir les mêmes préoccupations que les habitants du village où il arrive, il risque, même involontairement, de détourner les habitants de leurs priorités quotidiennes, qui tournent toutes autour de la survie du groupe.

Il faut comprendre que pour une immense majorité de la population, y compris parfois dans les hautes classes, l'univers immédiatement perceptible se limite

Représentation d'hérétiques, avec des nez crochus.
L'autre, c'est aussi celui qui n'a pas la même religion.
Jacobus Anglicus, *Omne Bonum*, 1360. Londres, British Library,
ms. Royal 6 E VI, f° 200. © British Library.

à un minuscule horizon : le village, l'église, le cimetière, quelques chemins, des champs. Comme l'a signalé Jacques Le Goff, la forêt est déjà un univers autre. Ce qu'il peut y avoir au-delà de cet horizon, c'est un Ailleurs. Bien entendu, il faut mettre une réserve à cette facilité de langage : il y a forcément des personnes, sans doute même en grand nombre, dans cette population, qui savent que partout autour de ce paysage s'étend un royaume de France dont tous les habitants sont des chrétiens avec des préoccupations assez semblables. C'est sans doute ce qu'on évoque le soir au coin du feu. Mais le reste de la journée, la vie reprend, le travail difficile, ardu, les multiples dangers, dont certains ont déjà été croisés au cours des pages précédentes, la nécessité de faire bloc. Or, on peut d'autant plus lutter ensemble contre les dangers quotidiens ou inattendus qu'on se connaît depuis longtemps, qu'on sait qui est plus apte à faire face dans telle situation.

L'arrivée de l'étranger n'est donc pas forcément vécue comme une menace – l'arrivée d'un homme seul ne peut pas vraiment faire peur et il n'est pas forcément identifié au Diable – mais plutôt comme un élément perturbant. On ne sait pas quoi faire de lui, le rôle qu'il doit tenir dans cette petite cellule villageoise. La véritable difficulté pour parvenir à analyser cette notion de méfiance envers l'étranger, c'est de savoir qui, exactement, est un étranger par rapport à qui. Car si l'immense majorité ne se déplace guère, il y a tout de même des foires ou des marchés qui attirent une journée dans la semaine du monde ; les fêtes, également, rassemblent des gens de nombreux villages, on fait connaissance : on s'aperçoit que des terres dont les propriétaires ne sont pas du même lieu se jouxtent. On peut se marier entre personnes de villages différents. Par ailleurs, il y a tout de même une minorité qui se déplace : on est parfois forcé d'émigrer du fait de la guerre, d'une maladie contagieuse.

Tout étranger qui vient s'installer dans un village, dans un quartier où il n'est pas connu suscite forcément l'attention. Mais il y a différents stades dans le statut d'étranger : un nouveau venu, quelqu'un qui vient de loin, quelqu'un d'une autre langue. Toute la question, et c'est là que résident à la fois la méfiance des habitants du lieu et la crainte que ressent l'étranger, est de savoir quelle place va occuper dans cette cellule organisée ce personnage, sinon importun, en tout cas inhabituel.

Le roux est forcément quelqu'un de fourbe, de malintentionné.
Bénédictions et préfaces à l'usage de l'abbaye Sainte-Geneviève,
fin du XIVᵉ siècle. Paris, Bibliothèque Sainte-Geneviève,
ms. 1286, fᵒ 82. © IRHT-CNRS.

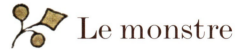

Le monstre

L e terme de « monstre » a la même origine que le verbe « montrer » : tous deux sont issus du latin *monore*, autrement dit : « avertir ». Pour être plus précis, « monstre » signifierait : « qui doit être montré en signe d'avertissement. »

Aujourd'hui, quand on parle de monstre, on songe à des particularités physiques extraordinaires (en gros, Elephant Man) ; mais, sans doute plus couramment, est considéré comme *monstrueux* à notre époque celui qui se livre à des actes criminels d'une forte ampleur (tueurs en série, responsables de génocide, pédophiles…). Ces derniers n'ont pas obligatoirement de difformités physiques.

Tristan et le nain de Fenice. Aux yeux des hommes du Moyen Âge, toute difformité est forcément signe de monstruosité morale.
Tristan en prose, vers 1470. Paris, BnF, ms. fr. 102, fᵒ 39v. © BnF.

Judas représenté en roux. Cette couleur a fini, au cours du Moyen Âge, par devenir celle du Mal.
Giotto di Bondone, *La Trahison de Judas* (détail), vers 1303-05. Padoue, Chapelle Scrovegni. © AKG.

Au Moyen Âge, tout cela va ensemble… du moins en principe. Il est évident que lorsque naît un in-firme, bossu, aveugle, nain, muet, c'est forcément un signe divin qui annonce que cet être aura une vilaine âme. Le plus souvent, on considère que c'est la faute des parents (et plutôt bien entendu, de la mère) et que les enfants paient pour eux. Pour autant, on ne s'apitoie pas sur l'enfant, surtout s'agissant des malformations physiques. Il faut un peu plus relativiser lorsqu'il s'agit d'un aveugle de naissance, l'un des rares cas, semble-t-il, où l'on ait droit à un peu de compas-sion. Ce qui est avéré par le fait qu'ont éclaté, au cours du Moyen Âge, des affaires de parents réduits à la men-dicité qui crevaient les yeux de leurs enfants pour en faire de petits aveugles susceptibles d'attirer la charité des passants.

Mais il est des cas apparemment bien plus anodins qui font de vous des monstres : une simple différence suffit. Michel Pastoureau a étudié le cas des roux. C'est la « couleur des démons, du goupil [le renard], de l'hypocrisie, du mensonge et de la trahison ». C'est ainsi que l'iconographie médiévale attribue, au fil du temps, aux traîtres célèbres une chevelure rousse : Judas, Caïn, Ganelon (l'homme qui aurait trahi Roland de Roncevaux), Mordred (le « méchant » de la Table Ronde). Cette méfiance remonte d'ailleurs à l'Antiquité : un roux était « cruel, sanglant, laid, inférieur ou ridicule ; mais au fil du temps, cela devient surtout être faux, rusé, menteur, trompeur, déloyal, perfide ou renégat ». Bref, il ne fait pas bon être roux ; quant à être rousse, voilà qui augmente vos chances d'être accusée de sorcellerie.

Mais même si vous n'êtes pas aveugle, ni bossu, même pas roux, vous pouvez très bien être gaucher. On peut même dire que le nombre de personnes concernées augmente sérieusement. Hélas ! Pierre-Marie Bertrand, spécialiste de la « gaucherie » si l'on peut dire, fait remonter l'origine aux nombreux passages bibliques dans lesquels le côté droit est toujours positif et le côté gauche négatif. L'Évangile de Matthieu rappelle ainsi que le Fils de l'Homme séparera les bons et les méchants « comme le berger sépare les brebis et les boucs : il placera les brebis à sa droite et les boucs à sa gauche ». Alors, tous ceux qui sont placés à gauche seront voués au feu éternel !

C'est ainsi que l'Église affirme que Judas (toujours lui !) a reçu de la main gauche l'argent, prix de sa trahison envers Jésus. À la fois roux et gaucher, Judas était vraiment né pour être un traître !

Au-delà de ces exemples si courants, mais qui peuvent paraître aujourd'hui si ridicules, il y a celui des lépreux : ces malheureux, qui avaient obligation de se déplacer avec une cloche qui annonçait leur approche, étaient à la fois plaints et considérés avec une méfiance d'autant plus grande que, charitable ou non, tout être humain avait motif de s'en garder pour des raisons d'hygiène évidente. Les textes religieux sont d'ailleurs tout aussi ambivalents, certains désignant la lèpre comme signe des péchés d'un individu, d'autres comme évocation des souffrances du Christ. Le XIVe siècle s'avère une fois de plus une période charnière, au cours de laquelle on assiste à un massacre des lépreux (1321), puis à leur mise en quarantaine forcée (à partir des années 1370).

L'arrivée d'un monstre peut d'ailleurs dépasser le seul cadre de sa propre personne et de ses géniteurs. La naissance, le 6 juin 1429, à Aubervilliers, de deux sœurs

Parmi les monstres de cette période, le lépreux est peut-être le plus ambigu. Selon les lieux et les moments,
on le plaint, parfois même on le respecte. Mais on peut tout aussi bien le chasser à coups de pierres. Le nombre de léproseries
qui existent à l'époque prouve l'étendue qu'a pu prendre la maladie, mais aussi le désir d'isoler ces malheureux.
Barthélemy l'Anglais, *Livre des propriétés des choses*, 1480. Paris, BnF, ms. fr. 9140, f° 151v.

siamoises, puis le dimanche suivant, d'un veau à deux têtes et à huit pieds, et encore, le dimanche suivant, d'un porcelet ayant la même apparence, est un signe divin qui va bien au-delà de la personnalité des parents ou des propriétaires : comme le remarque C. Beaune, commentant ces événements signalés par le Bourgeois de Paris, « ce dérèglement de la nature annonce un dérèglement social et politique ». Les mauvaises actions des grands de ce temps sont dénoncées par des signes comme des comètes, des catastrophes climatiques ou des naissances de monstres.

Aussi, si le monstre inquiète et suscite la suspicion voire la haine, plus la monstruosité est grande et plus elle provoque la panique : non pas du fait du monstre lui-même (les siamoises ne vécurent pas longtemps) mais par le dérèglement qu'il annonce.

Le loup et autres animaux

Le regard que porte l'Ancien Testament sur les animaux est ambigu. A priori, nos amis les bêtes ont droit au même respect que les hommes. Mieux, au Paradis, l'entente entre l'être humain et l'être animal est parfaite. Ils vivent en bon voisinage et personne n'a l'idée de s'en prendre à l'autre. Bref, jusqu'à l'arrivée du serpent, l'animal tentateur qui pousse Ève dans la mauvaise direction, il n'y avait rien à dire contre les animaux, et l'attitude de l'homme à leur égard était irréprochable. Toutefois, lors du Déluge, Dieu donne la consigne à Noé de sauver également les animaux ; l'imagerie populaire a d'ailleurs davantage retenu les animaux de l'arche que les hommes qu'elle devait également sauver !

Eucratidès dépecé par des animaux.
À cette époque, la plus grande partie de la population vit à proximité de bêtes considérées comme féroces.
Jean Boccace, *De casibus*, vers 1415-1420. Paris, BnF, ms. fr. 226, f° 166. © BnF.

Pourtant, le serpent est-il vraiment un serpent ? N'est-il pas plutôt un travestissement du Diable ? De même, la Bête de l'Apocalypse est-elle vraiment un animal ?

Il faut se rappeler, à regarder les bestiaires médiévaux, que la vision globale de l'époque sur le règne animal est très différente de la nôtre, qu'il s'agisse des représentations populaires ou des représentations savantes. La licorne est un animal au moins aussi réel que la girafe (en fait, la licorne est un rhinocéros qui s'est peu à peu déformé et transformé en sorte de cheval à corne). Par conséquent, le dragon paraît aussi vrai que le serpent, même si, sans doute, certains savants ont jugé qu'il n'avait pas obligatoirement un corps aussi gigantesque.

Cette vision de plus en plus négative du monde animal pourrait bien venir du fait que l'homme prend peur. Robert Fossier estime que l'homme, « sans vouloir reconnaître que sa propre faiblesse en est la cause naturelle, a peur d'être attaqué par plus fort que lui ». De fait, le loup attaque ses troupeaux, le renard s'en prend à ses poulets, le sanglier éventre ses chevaux. Robert Fossier ajoute même : « Le criquet qui ravage ses champs, le rat qui dévore ses réserves. » On peut encore rappeler les piqûres d'insectes, les morsures de serpents, sans compter les maladies propagées par les rats, les ruades des chevaux irrités, les réactions d'un chien apeuré qui se met à mordre. Ne parlons pas du chat, assimilé « au sabbat, à la magie et au Diable ». On comprend dès lors ces procès d'animaux dont il sera question page 100.

Le sanglier aussi est considéré comme un animal diabolique. Michel Pastoureau rappelle qu'alors qu'il était plutôt glorifié sous l'Antiquité, le sanglier entre dans le bestiaire du Diable avec les Pères de l'Église et Raban Maur, théologien du IXe siècle. On lui prête une violence

Page de droite
Miracle de Notre Dame : comment un frère chartreux fut délivré – grâce à l'intercession de la Vierge – des assauts du diable, accompagné d'une horde de sangliers.
Ces animaux, de même que les loups, sont considérés comme des auxiliaires du Malin.
Vincent de Beauvais, *Miroir historial*, 1463. Paris, BnF, ms. fr. 50, f° 256v.

destructrice, peut-être du fait de son pelage sombre. « Le sanglier est laid, il bave, il sent mauvais, il fait du bruit, il a le dos hérissé et les soies rayées, il possède des cornes dans sa gueule, c'est en tout point une incarnation de Satan. » Le fait qu'un sanglier soit à l'origine d'un accident de chasse qui provoqua la mort de Philippe le Bel en 1314 n'arrangea rien, on s'en doute.

Dans ce monument encyclopédique qu'est le *Songe du Vieux Pèlerin* de Philippe de Mézières, voilà ce qui est écrit au sujet de trois animaux nocturnes : « Quant à la chauve-souris, à la chouette, au chat-huant, qui volent la nuit, vous devez vous souvenir, par allégorie, que la chauve-souris fut jadis un très bel oiseau qui, à cause de sa faute très grave, fut condamné à perdre son beau plumage et à devenir laid et noir. Il lui fut défendu de voler de jour, mais au contraire ordonné de voler la nuit pour aller chercher sa proie, ainsi que l'histoire le raconte en détail.

Loup et nourrisson.
Missel pontifical de Michel Guibé, XVe siècle, fº 69. AHID.
© Musée de Bretagne.

Cette chauve-souris représente Lucifer, qui fut si beau et qui, à cause de son orgueil, fut condamné à voler dans les ténèbres. Car de jour, c'est-à-dire quand l'homme est éclairé par le vrai rayon du soleil de Justice, Lucifer n'a pas le pouvoir de nuire. Toutes ses œuvres se réalisent dans les ténèbres. [...] La chouette volant de nuit à l'intérieur des pigeonniers pour manger les œufs des pigeons, oiseaux simples, paisibles et dépourvus de méchanceté, représente l'ennemi du genre humain qui, la nuit, c'est-à-dire en cachette, pénètre avec sa mauvaise inspiration dans le pigeonnier, c'est-à-dire dans le cœur de l'homme simple aussi bien que du sage, et les œufs de l'homme sage, c'est-à-dire les bonnes pensées et leurs fruits, il les dévore et les réduit à néant, en sorte que, à moins que l'être humain ne résiste avec force, il ne laissera après son passage ni œuf ni fruit qui vaille. Quant au chat-huant, tout le monde sait que, volant de nuit, il passe à travers les fenêtres et entre dans les églises, y boit l'huile des lampes, éteignant ainsi les lumières. Ce chat-huant représente l'ennemi rusé de Chypre qui entre discrètement dans l'Église, dans le cœur et l'âme des prélats des bons enfants de Dieu. Il les tente au point que parfois il éteint en eux la lumière de la foi. Puis, à son plaisir, il boit et détruit l'huile, c'est-à-dire les œuvres de miséricorde. »

Mais le champion toutes catégories, au niveau des peurs animales, est le loup. D'abord parce qu'il paraît plus intelligent que le sanglier, plus rusé, plus difficile à repérer et, de ce fait, à poursuivre et à tuer. De plus, on considère qu'il est le seul animal à oser s'attaquer à l'homme (du moins, c'est ce qu'on pense à l'époque). Le loup, du fait de sa couleur diabolique, est le personnage maléfique de toutes sortes de contes, fables, chansons, récits. Surtout, au contraire des dragons et de tant d'autres animaux, c'est un être qu'il est fréquent de rencontrer. Au Moyen Âge, toute personne vivant à la campagne a un jour croisé un loup. Ce qui ne signifie pas que les habitants des villes n'en aient jamais vu (on en voit même pénétrer dans Paris à l'époque de grandes famines). C'est donc un être qu'on rencontre

Marguerite d'Imolese attaquée par le loup. Depuis toujours, et pour encore très longtemps, le loup reste l'animal le plus redouté.
Jean Boccace, *Décameron*, 1430. Paris, BnF, ms. fr. 239, f° 258v.

suffisamment souvent pour voir en lui un danger réel, et en même temps, avec suffisamment d'écart pour que l'imagination ait un peu de champ libre pour exagérer son aspect terrifiant, sa férocité. Sans compter que, le plus souvent, on ne l'aperçoit pas seul, mais en bande, ce qui n'est pas pour rassurer ! Jean Delumeau rappelle les fréquentes organisations de battues collectives, dans le but de le pourchasser. « En 1114, le synode de Saint-Jacques-de-Compostelle décide que chaque samedi, à l'exception des veilles de Pâques et de Pentecôte, aura lieu une chasse aux loups. Prêtres, nobles et paysans qui ne seront pas pris par des occupations urgentes devront y participer. »

Toute la question est de savoir si les populations ont peur du loup en tant qu'animal dangereux, ou si elles se le représentent comme un animal diabolique, voire une des incarnations du Diable, accompagné de ses démons. Sans doute, l'esprit humain doit osciller entre les deux hypothèses et n'en retirer de toute façon qu'une seule conclusion : le loup est un animal d'autant plus dangereux qu'il est d'une couleur diabolique et n'est jamais seul, d'autant plus nocif qu'il s'en prend aux troupeaux (ce que ne font pas les autres animaux).

Curieusement, le loup le plus célèbre de la littérature médiévale, Ysengrin, est constamment berné par Renart le goupil. Mais qu'on ne s'y trompe pas : c'est justement le propre de ces fabliaux de toujours faire perdre et ridiculiser les animaux les plus dangereux et les plus puissants (l'ours, le loup) et de faire triompher les animaux plus chétifs, mais peut-être plus malins (le renard, le chat). C'est la revanche carnavalesque sur la marche si effrayante du monde.

Mais puisque nous en sommes au *Roman de Renart,* il ne faut pas négliger non plus un autre phénomène : dans ces œuvres, écrites, mais également orales (on se raconte ces histoires au cours des veillées), ces animaux agissent comme des humains. L'anthropomorphisme de Renart, au fil de ses aventures, l'emporte de plus en plus sur son caractère animalier. Mais le cas sans doute le plus étrange est celui de Fauvel (*Le Roman de Fauvel*). Comme le remarque Armand Strubel, éditeur récent de cette œuvre surprenante, avec le cheval Fauvel, l'un des plus fameux méchants du Moyen Âge, « les jeux d'équivoque entre animalité et humanité ont complètement disparu : si le narrateur ou Fortune n'appelaient pas Fauvel "beste", on oublierait aisément son statut ». En attribuant à des animaux nos pires travers, on en arrive à les traiter comme ces cochons jugés et condamnés comme des criminels ; on en arrive surtout à augmenter nos frayeurs à leur sujet.

Existe-t-il une peur du cochon ?

Dans son ouvrage consacré à une *Histoire symbolique du Moyen Âge occidental*, Miche[l] Pastoureau consacre tout un chapitre aux « Procès d'animaux ». L'affaire de la trui[e] de Falaise l'intéresse tout particulièrement. L'affaire a lieu en 1386, à Falaise, en Normandie. L'animal a dévoré le bras et une partie du visage d'un enfant de trois mois, qui mouru[t] des suites de ces affreuses blessures. L'animal fut emprisonné, jugé, eut droit à un avocat, s[a] sentence lui fut lue dans sa geôle. « En revanche, remarque Michel Pastoureau, aucun prêtr[e] n'écouta sa confession. » Finalement, la sentence fut exécutée en présence d'un nombreux pu[b]lic d'hommes… et de cochons (nul doute que ce spectacle devait les inciter à plus de retenu[e] s'ils rencontraient eux aussi un enfant de trois mois). Le bourreau coupa le groin de la truie[,] lui taillada une cuisse, puis la pendit par les jarrets arrière à une fourche « et l'abandonna dan[s] cette position jusqu'à ce que la mort survînt ». Puis, on traîna le cadavre de la truie à traver[s] toute la ville et les environs. Dans ce même chapitre, Michel Pastoureau parle de nombreuse[s] autres affaires judiciaires mettant en scène des truies et des cochons. En fait, il y a eu des procè[s] pour toutes sortes d'animaux, mais le porc représente neuf cas sur dix. Michel Pastoureau y voi[t] deux raisons : la première est que « parmi les mammifères, le porc est peut-être le plus abondant en Europe jusqu'au début de l'époque moderne ». On les rencontre partout, d'autant qu'il[s] tiennent le rôle d'éboueurs dans les villes, où ils dévorent maintes ordures et maints déchets[.] Mais Michel Pastoureau rappelle une deuxième raison, sans doute plus significative : il y a, e[n] tout cas dans les esprits de l'époque, une parenté entre le porc et l'homme. De ce fait, pendant l[a] plus grande partie du Moyen Âge, faute de pouvoir disséquer des corps humains, on étudiait les anatomies de porcs, considérant qu'il y avait une grande similitude dans l'organisation interne de ces deux êtres.

Cette similitude suffit-elle à expliquer ces mani[-] festations procédurières et judiciaires ? Consi[-] dère-t-on vraiment que les porcs, les truies e[t] autres cochons sont capables de comprendre l[e] sens de la sentence qui est appliquée contre un des leurs ? Est-elle plutôt destinée à l'intentio[n] de tous ceux et de toutes celles, parents, gouvernantes, qui sont censés veiller sur les enfant[s] (sans compter les propriétaires d'animaux) ? À moins, hypothèse que n'émet pas Michel Pastoureau mais qui mérite peut-être d'être étudiée[,] qu'il y ait à cette époque une phobie, une craint[e] du cochon ?

Il se trouve qu'au début du XIVᵉ siècle, on voit apparaître de plus en plus nombreux des traités médicaux et des réglementations municipales qui concernent la viande porcine en particulier et qui ont pour but de faire obstacle à ce qu'on appelle la « lèpre porcine » ou encore la « ladrerie du cochon ». C'est une maladie très répandue, qu'on croit héréditaire. Mais comme on a remarqué qu'elle ne concerne que le cochon de ferme et que le sanglier sauvage n'est jamais ladre, maints médecins de l'époque se demandent si cette maladie n'a pas à voir avec la proximité qui existe entre le cochon et l'homme. Une certaine confusion règne dans ce domaine car on ne sait plus très bien si c'est le porc qui contamine l'homme ou vice versa. Le problème vient du fait qu'on n'est pas capable de dire quelles sont les causes de la lèpre. Ou, pour être plus précis, on trouve une multitude de causes qui se contredisent les unes les autres, ce qui n'est d'ailleurs pas forcément illogique. Comme le remarque Madeleine Ferrières dans son ouvrage sur l'*Histoire des peurs alimentaires*, « la consommation de viande de porc peut amener la lèpre, mais ce

Le cochon ne pouvait manquer dans cette nouvelle représentation des monstruosités selon Bosch.
Jérôme Bosch,
Le jardin des délices (détail), 1503-1504. Madrid, Musée du Prado.
© Bridgeman.

n'est qu'un facteur, noyé parmi d'autres dans cette incroyable étiologie où la variété des paramètres répond à la diversité des formes de lèpres qu'on croit observer, cette lèpre polymorphe et variable d'un individu à l'autre ». Mais ce que nous rappelle surtout Madeleine Ferrières, c'est que la lèpre porcine, à proprement parler, n'existe pas : le vrai nom de cette maladie est la « ladrerie », maladie exclusivement porcine, qui n'a rien à voir avec la lèpre humaine, même s'il y a certains signes, notamment au niveau de la langue, qui donnent à penser à des savants de l'époque qu'il y a des similitudes. Ainsi, « on invente une transmission d'une maladie animale qui n'existe pas à une maladie humaine monstrueuse mais mal définie ».

Or, à cette époque déjà, le législateur ne veut pas prendre de risque. Face au risque supposé qu'une maladie animale puisse infecter l'homme, on prend toutes les mesures possibles pour interdire la viande provenant de cet animal, voire abattre et faire disparaître des troupeaux entiers. On voit que nos histoires de vaches folles ont des antécédents.

Là encore, il ne s'agit pas de donner à penser que les gens disparaissaient en courant, terrorisés à la vue d'un cochon : la façon dont ceux-ci circulaient dans les villes prouve bien l'habitude qu'on avait de les croiser et l'utilité qu'on leur concédait (à cette époque, tout était déjà utilisé chez cet animal). Mais, au risque d'un mauvais jeu de mots, on dira que le cochon pouvait vite devenir le bouc émissaire au cas d'une épidémie de peste ; et que toutes ces proximités, dans ses déplacements à l'intérieur de la ville comme dans son anatomie, avec l'homme, faisaient qu'on pouvait le soupçonner de contaminer son prestigieux voisin, et que celui-ci le jugeait et le condamnait dans les mêmes conditions qu'il se jugeait et se condamnait lui-même.

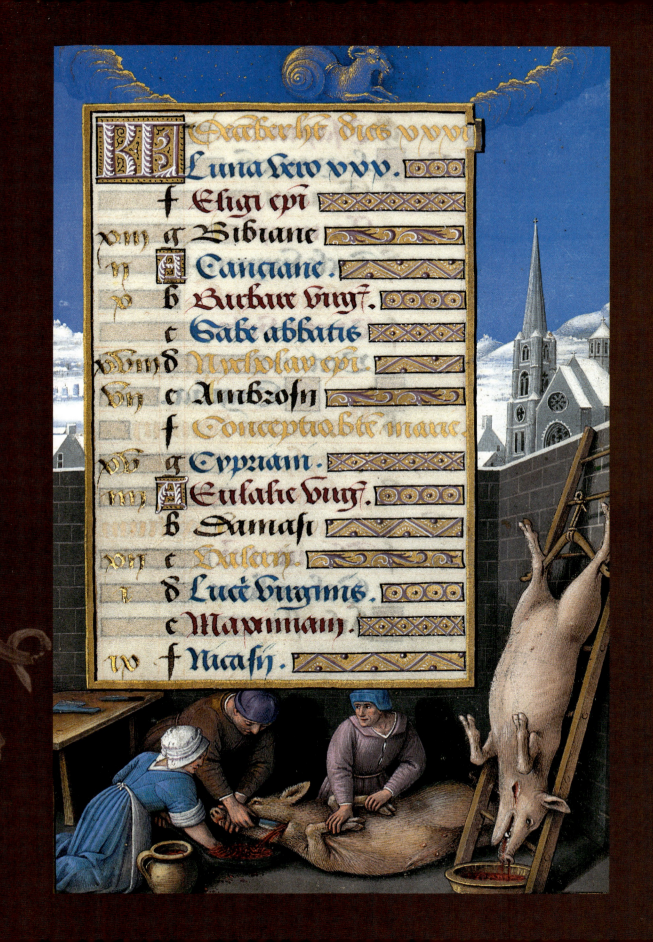

Vengeance de Médée : comment la magicienne sut que Jason devait épouser la fille du roi et comment, par ses enchantements,
elle la fit mourir de douleur ainsi que les fils de Jason. À l'origine, la magicienne antique peut ressortir uniquement
du merveilleux comme elle peut avoir une fonction : habitante d'un village, reine…
Le Moyen Âge va opérer plus systématiquement la différence entre la bonne fée et la méchante sorcière.
Raoul Le Fèvre, *Histoire de Jason*, vers 1470. Paris, BnF, ms. fr. 331, f° 139v. © BnF.

La sorcellerie

Si l'on reprend un à un tous les sujets abordés dans le présent ouvrage et que l'on se souvient des interrogations et des angoisses, voire des paniques qu'ils engendrent, il s'agit à chaque fois d'un dérèglement qu'on estime alors être dû à une intervention diabolique, ou l'influence néfaste d'une sorcière (ou, plus rarement, d'un sorcier).

Quand on lit les ouvrages consacrés à la sorcellerie au Moyen Âge (ou aux divers temps qui lui succèdent), on se retrouve face à un tableau de la société médiévale des plus inquiétants. Ainsi, Colette Arnould parle d'« un monde où le surnaturel est partout, le moindre événement, le moindre fait, le moindre comportement sortant de la norme peut devenir objet de méfiance et de suspicion, et cela entre pour une grande part dans les accusations de sorcellerie issues des masses. De façon générale, en effet, on se méfie de tout. Puisque rien n'arrive sans cause, tout ce qui semble incompréhensible trouve une explication dans quelque processus magique ».

On serait dans un monde terrifiant, où la terreur se situerait à trois niveaux, se succédant, s'entrechoquant, même :

– premier niveau : dans un monde normatif au plus haut degré, le moindre événement inattendu, la moindre excentricité, la moindre nouveauté (ne parlons même pas des catastrophes climatiques et des épidémies), provoquerait inquiétude, méfiance, soupçons comme tout ce qui est inexplicable mais demande une explication rapide parce qu'il désoriente, met mal à l'aise, porte même préjudice ;

– deuxième niveau : comme il faut trouver une explication à tout prix, on accuse le Diable et ses suppôts que sont les sorciers et les sorcières ; de ce fait, celui qui a un comportement anormal, des capacités surprenantes, un esprit inventif, qui vit en retrait, ne fait pas comme les autres, peut être susceptible d'être accusé d'être un sorcier par toute une population terrorisée, à la fois par les événements et par celui qu'elle soupçonne d'être à l'origine de ces événements inexpliqués… ou plutôt, justement, qu'on vient de s'expliquer par le biais de cette accusation ;

– troisième niveau : les juges prenant le relais, l'Inquisition étant créée, il se met à régner un climat terrible qui, à son tour, terrorise la population qui vit le processus inverse : désormais, tout le monde craint d'être accusé de sorcellerie par son voisin.

Ces types de situation, certes, ont existé. On détient des témoignages, des documents, assez nombreux, qui prouvent que l'originalité n'était pas la qualité qu'il fallait mettre en avant à cette époque, et que face à l'inexplicable, on cherchait souvent des boucs émissaires. Et pourtant…

Pourtant, si les populations médiévales avaient vécu ainsi, combien de bûchers n'auraient-ils pas dû être érigés suite à la peste noire ? Ne serait-ce que pour s'en prendre à ces survivants de villages entièrement dévastés par la maladie, qui étaient passés à travers sans le moindre souci. On aurait dû courir après tous les sorciers, les bossus, les estropiés…

Plus largement, si vraiment, à chaque événement inexplicable et préjudiciable (et nous avons vu que ce n'est pas ce qui manquait), les hommes du Moyen Âge avaient réagi en atteignant les trois niveaux précités, on peut dire que la moitié de l'humanité aurait accusé l'autre moitié et l'aurait traînée au bûcher : nous aurions eu droit à une chute démographique qui aurait fait considérer la peste noire comme un petit phénomène anecdotique.

Peu de temps avant la bataille décisive de Pharsale (en 68) entre César et Pompée, le fils de ce dernier, Sextus, consulte la sorcière Erichto pour connaître le sort de la bataille. C'est tout l'ambiguïté des rapports avec la sorcière : on la craint, on la hait, mais en même temps on lui reconnaît certains dons et on cherche à en tirer profit. *Les faits des Romains*, 1479. Londres, British Library, ms. Royal. 17 F II, f° 243v. © Bridgeman.

Tout le problème, lorsqu'on étudie le comportement d'une population à partir d'une thématique, d'un prisme, est qu'on veut atteindre une généralisation périlleuse. Rappelons quelques faits.

Tout d'abord, le Moyen Âge déborde de récits inexplicables, de comportements exceptionnels participant du patrimoine religieux. Jésus, saint Pierre, Marie Madeleine, saint Augustin, et d'une manière générale, d'ailleurs, tous les saints sont au départ des pécheurs, qui ont fini par se rattraper suite à un événement paranormal. Xavier Ivanoff le dit lui-même, lorsqu'il rappelle qu'à l'époque mérovingienne, « les rites du christianisme ne pouvaient apparaître que comme un ensemble de pratiques et de gestes magiques ». « Le geste du prêtre pouvait facilement s'apparenter à celui du mage antique. »

La Mort et la sorcière.
La Danse macabre des femmes, vers 1500-1510. Paris, BnF,
ms. fr. 995, f° 39v. © BnF.

Rien de moins normatif que le saint ou le héros biblique (c'est la façon de raconter leur hagiographie qui finit par devenir normative). Peut-on dire que les chevaliers de la Table Ronde soient un regroupement de gens au comportement normatif ? Ils sont patronnés par Merlin, fils d'un démon, Lancelot incite la reine à tromper le roi et la moitié des chevaliers commettent

Sorcière partant au sabbat.
Martin Le Franc, *Le Champion des Dames*, 1451.
Paris, BnF, ms. fr. 12476, f° 105v.

le péché d'orgueil. Sans compter tous les tours de magie qui favorisent ces différents héros. En fait, tous les récits romanesques et religieux sont des catalogues de miracles. Il ne faut jamais oublier que l'Église, à ses débuts, s'efforce de faire la distinction entre ceux qui accomplissent des miracles et ceux qui jettent des maléfices : ce sont ces derniers que l'on considère comme des sorciers.

La plupart des historiens considèrent d'ailleurs que jusqu'à la seconde moitié du XIIIᵉ siècle, on ne s'en prend pas vraiment au sorcier. Celui-ci qu'on appelle de ce nom, et qui peut être aussi bien un guérisseur qu'un diseur de bonne aventure, aussi bien une sage-femme qu'une avorteuse, est considéré comme un excentrique, vivant en décalage, que l'Église se doit de sermonner ou de marginaliser, mais pas de brûler. De même, lorsque l'Inquisition arrive avec ses instruments de torture et ses bûchers, elle n'est pas à la recherche de sorciers, mais d'autres personnages qu'elle juge autrement plus dangereux : les Cathares (et plus généralement, les hérétiques). Certes, pour une question de commodité de langage, quand elle s'adressait au plus grand nombre, l'Inquisition utilisait volontiers le terme de « sorciers » pour parler des Cathares (encore qu'« hérétiques » ou « suppôts de Satan » soient des termes plus courants). Est-ce à dire que la population mélangeait confusément les genres ?

Le point de départ de la « chasse aux sorcières » est, paradoxalement, le conflit interne qui oppose les dignitaires de l'Église. Grosso modo, jusqu'en 1277, on pouvait porter, débattre, écrire sur n'importe quel thème dans le monde ecclésiastique : ni Pierre Abélard, ni Thomas d'Aquin, pour ne citer que deux « stars » de deux siècles différents, n'ont été brûlés alors qu'ils remettaient en question bien des points du dogme (Abélard a été émasculé, mais pour des raisons qui n'ont rien à voir avec ces débats ecclésiastiques). C'est justement parce que les sujets de réflexion avaient été portés bien loin qu'un durcissement très net s'est opéré dans le dernier quart du XIIIᵉ siècle. Le fait que l'Église ait dû faire face à la même époque à d'importants courants hérétiques, le fait aussi qu'elle subisse un grand schisme à la fin du XIVᵉ siècle, a certainement contribué à ce durcissement qui va, effectivement, se ressentir dans bien des domaines de la société durant,

Scène de sabbat.
Jean Tinctor, *Traité du crime de vauderie*, vers 1470-1480. Paris, BnF, ms. fr. 961, f° 1.

sans doute, une bonne cinquantaine d'années. Le règne de Philippe le Bel n'arrangeant rien en l'affaire. C'est l'époque où on se débarrasse de certaines personnalités politiques en les accusant de sorcellerie : ce fut le cas du pape Boniface VIII (eh oui ! personne n'y échappe !), puis des Templiers. Après la mort de Philippe le Bel, ce sera le cas pour Enguerrand de Marigny, l'un de ses principaux conseillers. Bref, le procès pour sorcellerie devient une arme… pas si utilisée que cela tout de même. On sait la difficulté de trouver des chiffres précis. Jean Delumeau le tente, en précisant qu'on a comptabilisé en Europe 12 procès en sorcellerie conduits par les tribunaux d'Inquisition et 24 devant des tribunaux laïcs entre 1320 et 1420, 34 devant des tribunaux d'Inquisition et 120 devant des tribunaux laïcs entre 1421 et 1486. Certes, on ne peut nier l'augmentation importante qui survient, mais même si on tient compte du fait que ces chiffres ne sont sûrement pas exhaustifs, nous n'assistons pas à un massacre. En une seule journée, le massacre de la Saint-Barthélemy au XVIᵉ siècle fait trois mille morts dans la seule capitale. Du reste, si Delumeau signale le commencement des procès en sorcellerie entre la fin du XIIᵉ et le XIIIᵉ siècle, c'est plutôt au XVIᵉ et au XVIIᵉ siècle qu'il situe la systématisation et la multiplication du phénomène. Comme le remarque avec un certain humour noir Lucien Jerphagnon, dans sa Préface au livre de Colette Arnould, « le Moyen Âge a peu brûlé, il a plutôt cherché à savoir si la sorcière était combustible ». Le Moyen Âge repère, surveille, met en place des lois, mais finalement n'applique pas tant que cela la sentence. C'est bien à partir du XVIᵉ siècle, si curieusement magnifié, que le délire anti-sorcière va se mettre en route.

Il ne faut pas confondre deux faits : il est indiscutable que l'image du sorcier a pris une tournure maléfique. Il est incontestable qu'au rebouteux ou qu'à Merlin et Viviane, ont succédé les agents du Diable, contre lesquels il faut lutter impitoyablement et sans relâche. Mais cela ne signifie pas que des populations entières se retrouvaient en train de brûler. Il est indéniable que toute personne

Frédégonde faisant brûler des sorcières.
Une fois de plus, sous couvert de parler d'événement anciens, l'enlumineur met en scène l'actualité récente : à la fin du XVᵉ siècle, on s'en prend de nouveau aux sorcières.
Grandes Chroniques de France, 1493.
Paris, BnF, vélins 725, fᵒ 53v. © BnF.

se retrouvant face à l'Inquisition était presque systématiquement sûre de se retrouver condamnée. Cela ne signifie pas que tous les Toulousains, tous les Albigeois, tous les Narbonnais se soient retrouvés dans les geôles de l'Inquisition. Si l'on se fie aux travaux et enquêtes démographiques et économiques dans la région du comté toulousain à cette période (notamment celles de Charles Higounet, le grand spécialiste de la question), le Sud-Ouest, le Midi ne sont pas devenus des déserts suite à la chasse aux Cathares. Celle-ci a été ignoble mais il faut encore une fois remettre les choses en leur juste proportion : non seulement la région ne s'est pas effondrée démographiquement, mais certaines villes (Cordes, Mirepoix, Toulouse…) ont même bénéficié d'un nouvel essor économique suite à la guerre albigeoise.

De même, si la femme semble particulièrement malmenée à partir de cette période, par le fait que les procès en sorcellerie concernent largement plus les sorcières que les sorciers, il n'en reste pas moins que le sort de la femme dans la société française au XVᵉ siècle est nettement meilleur qu'au XVIIᵉ et, même, qu'au XIXᵉ siècle.

Au sujet de quelques personnages historiques terrifiants

Bien entendu, quand on dit que des personnes font peur, cela dépend toujours de qui ou de quel camp on parle. Pendant la guerre de Cent Ans, par exemple, les Anglais font peur à beaucoup de gens, mais sont au contraire bien vus d'autres (notamment du Bourgeois de Paris). Certains ont peur des Armagnacs, d'autres des Bourguignons. Tout le monde a plus ou moins peur des Écorcheurs ou autres bandes de brigands, mais certains souverains ou princes parviennent à les utiliser avant de les faire massacrer.

Quelques figures, tout de même, semblent avoir cristallisé la peur, comme en témoigne leur surnom. Qu'on songe à Robert le Diable : il aurait été l'enfant d'un duc de Normandie, lequel aurait conclu un pacte avec Satan afin d'obtenir un enfant qui tardait à naître. Par la suite, le jeune Robert aurait semé la terreur autour de lui, avant de se repentir et d'aller faire un pèlerinage à Rome. Sauf que ce duc de Normandie, devenu célèbre du fait de la tradition orale, ne correspond à aucun personnage historique – à moins qu'il ne s'agisse, car il offre quelques points communs avec lui, de Robert le Magnifique, père de Guillaume le Conquérant. Mais même si le duc Robert a inspiré la légende, même s'il pouvait se montrer d'une certaine rudesse lorsqu'il luttait contre ses vassaux ou voisins, il n'avait certainement rien de satanique.

Foulques III Nerra (le Noir), comte d'Anjou, jouit d'une aussi mauvaise réputation, basée sur des faits un peu plus historiques. Il a effectivement répandu la terreur sur tout le grand Ouest de la France à la fin du Xe siècle. Mais d'autres faits sont plus discutables. Il aurait fait brûler vive son épouse, accusée d'adultère et, tant qu'il y était, serait à l'origine de l'incendie d'Angers vers l'an mil. Comme on ne prête qu'aux riches, il est évident que toute mort dans l'entourage de Foulques devient suspecte et qu'il est forcément responsable de tous les incendies et dégâts des eaux qui se seraient déclenchés dans la région de son vivant. Toujours est-il que, comme Robert le Magnifique, il finit par effectuer un pèlerinage de longue durée pour se faire pardonner ses méfaits.

Il est aussi des personnages historiques qui doivent leur réputation à leurs adversaires politiques qui se sont arrangés, après leur mort, pour bâtir une historiographie qui leur soit défavorable : c'est le cas du roi

Deux scènes concernant la vie de Robert le Diable : il tue son professeur et il est adoubé.
Chronique de Normandie, début du XVe siècle. Paris, BnF, ms. fr. 5388, f° 10. © BnF.

Mort de Pierre Ier le Cruel.
Grandes Chroniques de France de Charles V, vers 1375-1380. Paris, BnF, ms. fr. 2813, f° 447. © BnF.

de Castille Pierre Ier le Cruel (celui-là même contre qui le roi de France envoya tous ses routiers dans le troisième quart du XIVe siècle). Il n'était sans doute pas plus cruel qu'un autre, mais son rival triomphant, Henri de Trastamare, prit soin d'arranger sa renommée. Les historiens semblent considérer désormais que ce souverain, certes féroce envers ses ennemis, était plutôt, en temps de paix, modéré et même populaire.

Mais c'est sans doute Louis XI qui souffrit le plus des réarrangements de l'historiographie. Après sa mort, se construisit peu à peu l'image d'un roi sanguinaire, sadique, enfermant des années entières des centaines de personnes, sur un simple soupçon, dans des cages de fer très étroites dans lesquelles on ne pouvait ni s'allonger, ni se tenir debout. Si Louis XI n'était certes pas un saint, il n'avait rien à voir avec cette légende noire qui lui a si longtemps collé à la peau. Quant aux fameuses cages de fer, invention datant de Charles VII, elles n'ont pas non plus grand-chose à voir avec l'instrument de torture qu'on a pu décrire.

Jeanne d'Arc reste probablement aujourd'hui le personnage historique le plus déroutant du Moyen Âge. Première particularité : elle est aussi célèbre de son vivant qu'aujourd'hui et, plus rare, elle suscite les

mêmes questionnements aujourd'hui qu'autrefois, à une exception près toutefois : peu de gens, de nos jours, la prennent pour une sorcière.

Mais qu'on l'ait considérée comme une alliée ou comme une adversaire, que l'on ait pensé à elle lors du procès pour sorcellerie (1431) ou lors du procès de réhabilitation (1456), on se rend compte que la Pucelle intrigue, perturbe, fait peur. Même en ces temps où l'on croit plus volontiers au merveilleux, qu'une très jeune femme, plutôt considérée comme une bergère, parvienne à prendre la tête de l'armée française, sauve la ville d'Orléans, fasse couronner le dauphin Charles roi de France, ne manque pas de surprendre. D'autant qu'au fil des siècles, le côté « merveilleux » concerne plus le quotidien que la vie politique. Comme le remarque Colette Beaune, si du vivant de Jeanne, on s'est beaucoup déchaîné sur elle (en tout cas, les chroniqueurs qui étaient de « l'autre camp »), après sa mort, on parle de façon plus mesurée.

Mais qu'en est-il des « petites gens » ? Qu'en est-il du paysan, du marchand, de l'ouvrier ? On est à peu près sûr qu'il entendit parler de Jeanne. Mais qu'en pensa-t-il ? Faisait-elle peur, cette femme qui montait à cheval, s'habillait comme un homme et remportait des victoires là où des hommes avaient été vaincus ? Difficile de répondre. Étant donné le contexte de suspicion qui régnait à l'époque, on aurait dû craindre Jeanne. Mais le seul témoignage provenant du milieu « populaire » est celui du Bourgeois de Paris, qui est pro-anglais, donc adversaire de Jeanne. Un fait, en tout cas, est certain : lors du procès en réhabilitation, l'opinion publique est devenue à peu près entièrement favorable à la Pucelle. Entre-temps, d'ailleurs, d'autres Pucelles (notamment celles du Mans) ont surgi, sans avoir la carrière de Jeanne.

C'est pratiquement le parcours inverse que suit l'histoire de la renommée de Gilles de Rais. Ce compagnon de Jeanne d'Arc jouissait plutôt d'une bonne réputation dans ses débuts. Pourtant, il semble que dès 1426, l'homme se soit fait remarquer par ses violences de caractère et de comportement.

Il est difficile de dire exactement à quel moment Gilles a commencé à devenir suspect, et aux yeux de qui. Certainement que le nombre d'enfants disparaissant a dû aller croissant durant les dix années qui séparent le procès de Jeanne d'Arc et son propre procès

Lorsque Martin Le Franc compose *Le Champion des dames* pour mettre en avant les vertus des femmes,
il convoque les héroïnes de l'Antiquité juive comme Judith qu'il n'hésite pas à comparer à Jeanne d'Arc.
Jeanne d'Arc fut considérée par le « parti anglais » comme une sorcière, ou en tout cas on voulut se raccrocher à cette hypothèse
(il était plutôt humiliant pour l'Angleterre de voir ses troupes et ses partisans mis à mal par une jeune femme).
Du côté de Charles VII, on la vit au contraire comme une envoyée de Dieu.
Martin Le Franc, *Le Champion des dames*, 1451. Paris, BnF, ms. fr. 12476, f° 10v.

Même après son exécution, Gilles de Rais continua à faire peur.
Procès de Gilles de Rais, 1530. © BnF.

(on considère généralement que c'est après sa carrière militaire qu'il a entamé sa carrière criminelle). Le plus surprenant est qu'on se soit d'abord intéressé à son cas pour des questions n'ayant rien à voir avec la criminalité : Gilles de Rais était en conflit avec des autorités ecclésiastiques, ayant fait acte de violence dans une église suite à une sombre histoire de possession d'un domaine.

Quand on regarde avec attention l'histoire de la carrière de Gilles de Rais, on se rend compte qu'il a surtout fait peur après sa mort, rétrospectivement. Suite à son procès, retentissant, il est devenu un monstre effrayant,

objet des cauchemars et des pires fantasmes. Il faut dire que l'acte d'accusation, déjà suffisamment monstrueux concernant le meurtre des enfants, s'est amplifié avec toutes des accusations de sorcellerie et de démonologie. Ce n'est d'ailleurs pas un hasard : il fallait, face des actes aussi innommables et incompréhensibles, aussi en dehors des normes humaines, pouvoir qualifier Gilles de Rais de démon, de sorcier, de la même manière qu'on qualifiera nos monstres du XXe siècle de fous. Comment parvenir à soutenir l'idée que Gilles de Rais était un être humain, en apparence identique à ceux qu'il côtoyait, mais capable, à côté de cela, des pires crimes ?

Les « barbares » des régions lointaines

On remarquera qu'ici nous ne produisons pas le terme convenu d'« invasions barbares » : il y a déjà beau temps que les historiens ont établi que le mot « barbare » désigne ceux qui ne sont ni romains, ni grecs (et on peut supposer qu'au début du Moyen Âge, cela désigne ceux qui ne sont pas francs), sans que cela en fasse des individus en peaux de bête se déplaçant avec des massues en poussant des grognements épouvantables. Les Gaulois, par exemple, étaient des barbares, pour autant la civilisation gauloise était des plus développées. De même, le terme d'« invasion » est largement exagéré, c'est plutôt d'immigration progressive qu'il faut parler.

Aussi ne parlera-t-on pas ici des Wisigoths et des Ostrogoths (dont les noms ont sans doute largement contribué à assurer la réputation de barbares sanguinaires). En réalité, ce sont les Huns qui, les premiers, ont représenté une réelle menace pour l'Europe (vᵉ siècle). Mais nous sommes encore à l'époque d'un Empire romain qui n'en finit pas de s'effondrer.

On utilisera donc ici plutôt la notion d'armées étrangères inconnues, venant de pays lointains, ayant tendance à se livrer soit au pillage, soit à l'invasion pure et simple, et provoquant la terreur auprès des populations. Dans ce cadre, nous évoquerons l'expansion musulmane au vIIIᵉ siècle, puis ce qu'on appelait autrefois la « deuxième vague » d'invasions barbares : autrement dit, l'arrivée des Vikings et des Hongrois (ixᵉ et xᵉ siècles).

Au vIIIᵉ siècle, les « Sarrasins » envahissent toute l'Espagne et parviennent même au centre de la France (on connaît la célèbre date, 732, de la bataille de Poitiers, qui met fin à cette excursion). Toutefois, si la barrière de la religion, de la langue et l'origine lointaine des occupants provoquèrent à coup sûr, au moins dans les premiers temps, la panique en Occident, il y eut très vite des échanges, économiques et culturels, entre les Arabes et les Occidentaux. On sait aujourd'hui que beaucoup de progrès, notamment dans le domaine de la médecine, sont venus d'Orient, parvenant en Italie *via* l'Espagne musulmane. Il est donc extrêmement difficile de dire comment ont été perçus ces nouveaux occupants ou ces nouveaux voisins, selon le cas, surtout un siècle après leur arrivée, quand les habitudes d'échanges ont commencé à s'ancrer. Jérôme Baschet résume assez bien la situation en estimant qu'« au total, l'Occident éprouve face à l'Islam un sentiment ambivalent de « fascination-répulsion » bien illustré par Raymond Lulle, à la fois enthousiasmé par la culture arabe, au point de prôner l'apprentissage de l'arabe, et partisan virulent de la croisade et de la conversion des musulmans ».

En revanche, il ne fait pas de doute que durant plusieurs décennies, les hommes venus du Nord ont provoqué la terreur partout où ils passaient, et même bien au-delà.

C'est le 8 juin 793 que les Vikings firent entendre parler d'eux pour la première fois en s'attaquant et en saccageant le monastère de Lindisfarne en Angleterre. Stéphane-William Gondoin, dans son ouvrage sur les châteaux forts, rapporte cet extrait de la *Chronique anglo-saxonne* qui en dit long sur la façon dont on ressentit à l'époque cette incursion inattendue de gens qu'on n'avait jamais vus encore : « Cette année vinrent de terribles présages sur les terres des Northumbriens et terrorisèrent méchamment les habitants. Il s'agissait d'immenses éclairs zébrant le ciel, des tourbillons de vent brûlants, des dragons volant dans les airs. Ces épouvantables signes furent bientôt suivis par une grande famine. Et peu après, les harcèlements des païens détruisirent l'église de Dieu dans la Sainte Ile, par le meurtre et la rapine. »

Jean Renaud rappelle que les seuls témoignages de l'époque nous proviennent des « gens d'Église, tout désignés à l'agresseur du fait de leurs richesses », mais qui « ont une vision subjective et incomplète. Souvent convaincus qu'il s'agit d'un châtiment de Dieu, les clercs tendent à noircir la réalité des faits dont ils ne sont d'ailleurs, dans bien des cas, que les témoins indirects. Les annales et les chroniques n'en demeurent pas moins notre meilleure approche des événements […] »

Ce que l'on sait en tout cas, c'est que les Vikings, grâce à leurs drakkars, navires tout aussi inconnus du reste de l'Europe, pouvaient circuler dans les océans les plus tumultueux comme dans les fleuves les plus étroits. Comme la proue de ces navires représentait souvent un dragon, cela ne devait pas peu participer à faire peur aux populations qui les voyaient. Du reste, il n'y avait guère besoin de faire preuve d'imagination pour avoir des raisons de craindre ces « barbares des régions lointaines » : les Vikings, originaires de Scandinavie (Danemark, Suède, Norvège), débarquèrent un peu partout en Europe, d'abord sur toutes les côtes nord, puis, très vite, jusqu'en Méditerranée. « La technique dite du *strandhögg*, littéralement « descente à terre », consistait à fondre sur une proie comme l'éclair, à piller tout ce qui était possible et à rembarquer rapidement afin de se placer hors de portée d'éventuelles représailles. » (S.-W. Gondoin)

Capturée par les Huns, sainte Ursule aurait refusé d'épouser leur chef Attila et donc d'abjurer sa foi. Elle fut massacrée et criblée de flèches par les Huns qui assiégeaient Cologne, ainsi que ses suivantes vierges, au nombre de onze mille.
Légende de sainte Ursule (détail), 1482. Bruges, Groeningemuseum. © Bridgeman.

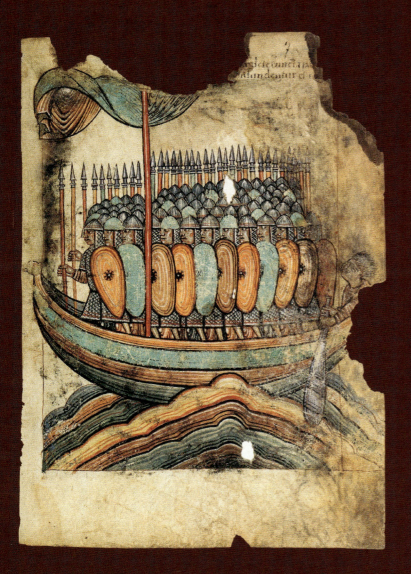

Vikings allant assiéger Guérande. Les hommes du Nord pouvaient apparaître sur n'importe quelle côte de l'Europe, de l'Angleterre jusqu'au cœur de la Méditerranée, suscitant la terreur partout où ils passaient.
Vie de saint Aubin, vers 1080-1100. Paris, BnF, ms. NAL. 1390, f° 7.

Comme le remarque de son côté Jean Renaud, en plus du fait d'avoir pillé, détruit et tué au cours de leurs innombrables incursions, les Vikings ont traumatisé toute l'Europe. Il semble bien que de nombreuses villes se soient fortifiées, que les premières mottes d'importance aient vu le jour, certes du fait des nombreuses luttes intestines qui existaient entre grands (et moins grands) féodaux, mais aussi à cause des possibles incursions vikings qui menaçaient non seulement toutes les côtes du continent, mais toutes les rives des fleuves et des grandes rivières : la Manche et la Méditerranée, comme la Loire et la Garonne, ou la Somme, ont vu arriver les fameux drakkars.

Mais même sur ce sujet, il faut, sinon nuancer, du moins éviter deux types de généralisation.

Il est incontestable que les Vikings ont provoqué maints ravages et tueries et semé la terreur à travers tout le continent. Mais il serait faux de dire que les incursions et les réactions aient été les mêmes partout et, surtout, que cette terreur ait eu la même durée sur toutes les côtes de l'Occident. Là aussi, très vite, l'intégration progressive, parfois même rapide, a eu lieu. D'abord, il est avéré que certains drakkars n'amenaient pas des guerriers, mais des négociants. Il est admis également que de nombreux Vikings cherchaient une nouvelle terre où s'installer (d'où l'idée que le déclenchement des raids scandinaves viendrait d'une surpopulation dans leurs pays d'origine, hypothèse qui n'est pas rejetée, mais qu'on considère comme insuffisante). L'exemple le plus fameux est bien entendu celui de la Normandie de Rollon, chef viking célèbre, devenu duc de Normandie. Ici, on peut parler d'une assimilation trop rapide et complète pour penser que ce Viking ait pu au départ n'être qu'une bête féroce porteur d'une hache, et avide de butin et de femmes à violer. On sait également avec quelle rapidité les Vikings s'installèrent et s'intégrèrent en Sicile, allant, sous le règne de Roger II, jusqu'à former une des cours les plus brillantes d'Europe, où l'on trouvait d'ailleurs des Juifs et des Arabes ! Les seigneurs vivant en France formaient une variété de caractères allant du plus parfait soudard à l'élite cultivée et raffinée. Il devait en être de même pour les Vikings. Plusieurs études récentes semblent indiquer une importante différence entre les Vikings venus de Norvège, divisés entre différentes tribus, et ceux venus du Danemark, déjà plus organisés politiquement parlant. En tout cas, nous assistons, avec les Vikings, à un phénomène totalement inverse de celui des Romains : les hommes venus d'Italie assimilèrent à leur culture toute l'Europe ; les hommes venus du Nord s'intégrèrent à celle des régions qu'ils avaient occupées.

C'est bien entendu un fait qui est absent des chroniques de l'époque qui ne retiennent (et on les comprend) que l'aspect négatif de l'arrivée des Vikings. Il y aurait donc une étude à faire sur la façon dont les différentes populations vécurent ces incursions et finirent, pour certaines, par s'y adapter.

À la même époque, des peuples provenant de ce qu'on appelle aujourd'hui la Russie avancèrent vers l'ouest. Il y avait les Hongrois, bien sûr, mais également les Slovènes, les Drégovitches, les Polanes : en bref, les Slaves. Toutefois, ce sont les Hongrois qui pénètrent le plus en avant dans l'Europe, semant à leur tour la terreur. Ils parviennent vers Augsbourg (actuelle Autriche) au xe siècle, vers l'époque où les Vikings commencent à se calmer. Ils pénètrent en Italie et en France durant toute la première moitié du xe siècle, se livrant au pillage, ravageant tout sur leur passage. Chose étrange, bien que leur invasion soit nettement moins connue (pour ne pas dire totalement inconnue) que celle des Wisigoths, des Arabes ou des Vikings, elle semble beaucoup plus correspondre à l'idée qu'on se fait quand on parle d'« invasion barbare ». Cette fois, il n'est jamais question d'assimilation, d'échange de quelque sorte que ce soit. Ce ne sera que de retour en Europe de l'Est que les Hongrois, calmés par une série de défaites, créeront à leur tour leur propre civilisation.

On voit donc l'extrême difficulté à mesurer la peur des populations face à ces peuples venus d'« ailleurs ». Si on peut affirmer avec certitude que les premiers contacts ont été terribles, il est plus difficile de dire combien de temps et de quelle manière a duré cette peur des « barbares ».

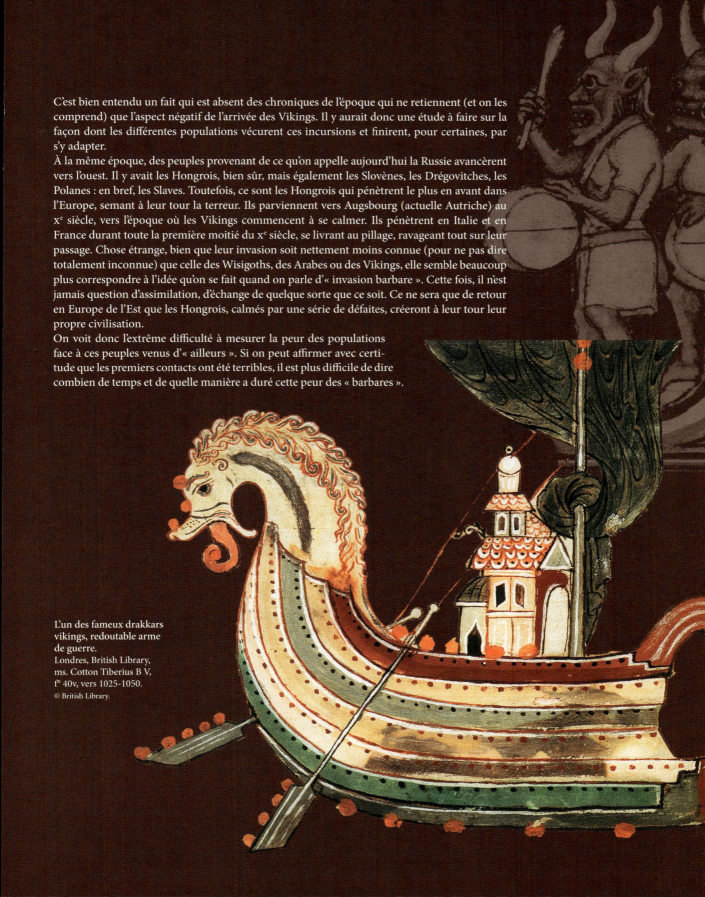

L'un des fameux drakkars vikings, redoutable arme de guerre.
Londres, British Library, ms. Cotton Tiberius B V, f° 40v, vers 1025-1050.
© British Library.

PHÉNOMÈNES INQUIÉTANTS

Il ne suffit pas que l'homme médiéval ait à affronter les dangers du quotidien, déjà terrifiants bien souvent, il faut aussi composer avec des phénomènes inexpliqués, ou plutôt expliqués avec l'aide du surnaturel. Mais de toute manière, qu'on connaisse ou non leur cause ou leur provenance ne change rien au fait que les comètes, la peste noire, les revenants ou la folie ne soient objets d'inquiétude, voire même, s'agissant de la peste, de pure terreur. Ces phénomènes inquiètent déjà par leurs aspects insolites : comme les comètes apparaissent rarement, en voir une est toujours une surprise, de même pour les éclipses ; quant à la terrible peste, elle a surpris tout le monde, car si on était malheureusement habitué aux épidémies, celle-ci fut particulièrement violente, et la peste bubonique a un aspect tout aussi inattendu. Mais de surcroît, on ne sait comment réagir : que peut-on faire contre une éclipse sinon prier le ciel pour qu'elle n'ait pas d'effets nocifs sur les récoltes et les gens ? Comment réagir face à la folie, sinon écarter l'individu ainsi atteint ? Quant à écarter les revenants…

Page de gauche
Résurrection des morts. Au Moyen Âge, la frontière entre le monde visible des vivants et le monde invisible des morts n'est pas aussi établie que de nos jours.
Jacques de Voragine, *Légende dorée*, vers 1470. Mâcon, BM, ms. 3, f° 25v. © IRHT-CNRS.

En haut
Victimes de la Peste noire.
Bible de Toggenburg, 1411.

La peste noire

Si la variole et, surtout, la lèpre ont particulièrement frappé les populations entre le VIe et le XIe siècle, avec souvent de longues périodes d'accalmie, aucune maladie n'a autant touché les corps et les esprits que la peste noire. Elle avait déjà frappé au VIe, puis au VIIe siècle. Elle avait ensuite disparu et semblait complètement oubliée. Mais elle réapparaît en 1347, en provenance d'Asie, ravageant toute l'Europe. On sait qu'à peu près un tiers de la population du royaume de France a disparu en cette occasion. L'Angleterre passe de sept à deux millions d'habitants en 1400. On connaît également les pages terribles de Boccace au début de son *Décaméron*. Jamais encore, semble-t-il, on n'avait connu une telle terreur généralisée dans tous les lieux de l'Occident, concernant toutes les classes de la société. Il faut d'ailleurs préciser deux choses : d'abord, la très forte pandémie de 1347 connut trois retours en 1360, 1366 et 1374 et, d'autre part, elle s'accompagne d'autres épidémies mortelles : diphtérie, grippe, puis, au tout début du XIVe siècle, l'apparition de la coqueluche. C'est donc l'ensemble de ces épidémies qui provoque une telle mortalité. Il n'en reste pas moins que dès cette date, les ravages furent terribles. D'autant que, comme l'a remarqué Robert Fossier, on confondait à

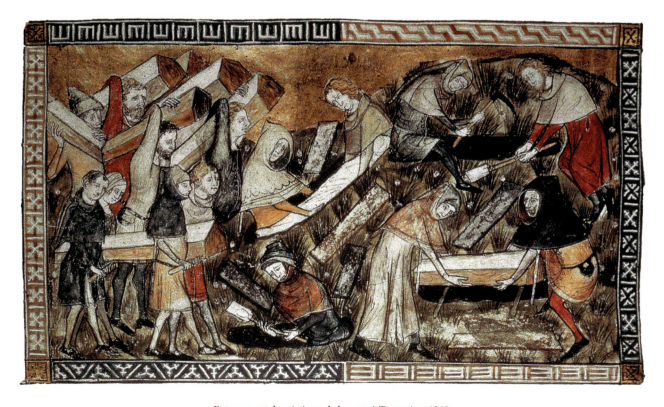

Enterrement des victimes de la peste à Tournai en 1349.
On pense à l'époque que la peste se propage par l'air. Il faut donc enterrer sans tarder les corps des victimes.
Gilles Le Muisit, *Annales*, 1352. Bruxelles, Bibliothèque royale. © AKG.

Le médecin s'efforce de soigner une malade de la peste.
Mais les hommes de la science ne pouvaient pas faire grand-chose.
Vie de saint Sébastien, fin du XVe siècle. Lanslevillard, Chapelle Saint-Sébastien. © Dagli Orti.

l'époque deux types de pestes qui apparurent en même temps mais qui n'avaient pas les mêmes effets : il y avait la peste pulmonaire, mortelle à 100 %, et à l'origine de l'essentiel des ravages. Sévissait également la peste dite bubonique, avec ses bubons enflammés, qui est physiquement repérable, mais en réalité provoque nettement moins de morts, dont on peut même réchapper et qui immunise les malades guéris.

Traumatisme profond, donc. Mais là comme partout ailleurs, il faut relativiser : les dernières recherches des historiens tendent à prouver que la peste, tout en se répandant sur tout le continent, était localisée. On trouve des régions qui semblent n'avoir été aucunement touchées sans qu'on puisse se l'expliquer ; ou

des populations épargnées, par exemple il semblerait que les possesseurs d'un groupe sanguin B n'aient pas été touchés. Enfin, si l'on se reporte à Jérôme Baschet ou à Robert Fossier, c'est une population déjà « malade », autrement dit touchée dans ses convictions, dans son énergie, qui se retrouve face à cette épidémie (avec en prime les ravages de la guerre et des Grandes Compagnies) ; lors des renouvellements de la maladie, les dégâts seront nettement moins importants car entre-temps, la population se sera reprise et on assistera à une reconquête des activités et des échanges économiques. Est-ce à croire que c'est l'action qui tue la peur et qui est le meilleur remède contre les épidémies ?

Des hommes observent la comète de Halley, dans la scène 32 de la Tapisserie de Bayeux.
La comète (« une étrange étoile à la chevelure étincelante ») fut visible une semaine entière, du 24 avril au 1er mai 1066.
Cela fut considéré comme un mauvais présage pour Harold, qui venait de s'emparer du trône d'Angleterre ;
et au contraire, l'événement aurait contribué à inciter Guillaume le Conquérant à partir pour l'Angleterre.

 # Les comètes et les éclipses

On s'étonne parfois de ce qu'au Moyen Âge, on croyait à l'existence des dragons. Outre le fait que cet animal légendaire ressemble à la Bête signalée dans l'Apocalypse, il y eut des gens qui s'imaginèrent de bonne foi avoir vu des dragons volants crachant du feu dans le ciel : il s'agissait en réalité d'une comète.

Que l'on confondît la comète avec un dragon ou qu'on sût ce que c'était qu'une comète, de toute façon son apparition n'était jamais saluée avec enthousiasme. On considérait, comme tout phénomène rare, que c'était mauvais présage. Les hommes d'Église prétendaient

qu'il s'agissait là de l'annonce de la colère divine et de futurs châtiments. Elle incitait donc les populations modestes, mais aussi les puissants, au repentir. Car même les souverains s'inquiétaient du passage de la comète. En 837, Louis Ier le Pieux interrogea son conseiller et futur biographe Luitwolf, dit l'Astronome, au sujet d'une comète qui fut aperçue cette année et dont on sait aujourd'hui qu'il s'agissait très certainement de celle de Halley. Même le grand Loup de Ferrières, théologien du IXe siècle, en parla dans sa correspondance. On sait qu'elle fut reproduite deux siècles plus tard

Alexandre le Grand consulte ses astrologues au sujet d'une éclipse du soleil après la bataille de Gaugamèles.
Quinte-Curce, *Histoire d'Alexandre le Grand*, vers 1468-1475. Londres, British Library, ms. Burney 169, f° 69. © AKG.

sur la tapisserie de Bayeux, Guillaume le Conquérant l'ayant aperçue au moment de la bataille d'Hastings : on imagine sans peine le présage qu'il en retira… après coup. Sans compter la comète de 1223 qu'on aperçut peu de temps avant la mort de Philippe Auguste : certains membres du Conseil royal et de l'Église de France firent de ce passage un de leurs arguments pour canoniser le roi ! Mais si les comètes faisaient toujours peur, si on les considérait comme des signes divins, cela n'était pas une raison pour faire de Philippe Auguste un saint.

Jean Delumeau cite ce texte de Jean de Venette, religieux du XIVe siècle : « Cette même année 1348, au mois d'août, on vit au-dessus de Paris, vers l'ouest, une étoile très grosse et très brillante… au crépuscule… Était-ce une comète ou un astre formé d'exhalaisons et évanoui ensuite en vapeurs, je laisse aux astronomes le soin d'en décider. Mais il est possible que ce fut le présage de l'épidémie qui suivit presque aussitôt à Paris, dans toute la France et ailleurs. » Jean de Venette veut parler de la peste noire !

A contrario, cet extrait du *Roman de la Rose* de Jean de Meung : « [Les cieux] font apparaître les comètes, qui ne sont pas posées dans les cieux, mais flottent embrasées dans l'air, et durent peu après qu'elles ont été formées : on en raconte maintes fables. Ceux qui ne cessent de faire des prédictions en tirent des présages pour la mort des princes. Mais les comètes ne guettent pas plus les pauvres gens que les rois, et elles ne jettent pas plus leurs influences et leurs rayons sur les uns que sur les autres : elles agissent, nous en avons la certitude, dans le monde, sur les différentes régions, selon les dispositions des climats, des hommes et des bêtes, prêtes à recevoir les influences des planètes et des étoiles qui ont un plus grand pouvoir sur elles. »

Inutile de dire que les éclipses terrorisaient encore plus les populations et étaient considérées comme le début du châtiment divin : la couleur de l'enfer envahissait toute la terre ! Voici un extrait du *Roman de Fauvel* qui décrit une éclipse :

Initiale ornée (lettre C) représentant un homme pointant du doigt une comète.
Jacobus Anglicus, *Omne Bonum*, 1360. Londres, British Library, ms. Royal 6 E VI, f° 340v. © British Library.

« Dieu a créé au commencement deux gigantesques flambeaux d'une extraordinaire luminosité, mais il les a faits de manière différente. L'un s'appelle le soleil, l'autre la lune ; le premier nous donne la clarté du jour : c'est le soleil qui brille le jour, et la lune de nuit, sans repos. Mais le soleil, que Dieu me protège ! est situé beaucoup plus haut dans le firmament que ne l'est la lune, il n'y a aucun doute, et la lune n'a pas la moindre clarté, en dehors de celle que le soleil lui envoie. Mais Fauvel, qui pervertit tout l'univers, est arrivé au résultat que la position de ce flambeau est complètement bouleversée, et inversée. Voilà une bête d'une capacité d'action remarquable : il a placé la lune au-dessus du soleil, si bien que le soleil n'a de lumière que celle qui vient de la lune, et qu'il est éclairé par l'arrière. C'est une grande éclipse que l'on peut contempler là ! Je veux t'apporter des preuves de ce que j'ai dit : les sages, qui se fondent sur la raison emploient une analogie de ce type, en comparant au soleil du ciel le pouvoir des prêtres, et à la lune, qui est placée en dessous, ils comparent le pouvoir temporel. »

Page de gauche
Depuis le mont Athos, ces astronomes observent le ciel et recherchent le Paradis. Toute manifestation céleste, qu'elle fût climatique ou phénoménale, était une preuve de plus de la présence divine, toute proche.
Jean de Mandeville, *Le Livre des Voyages*, vers 1410. Londres, British Library, ms. Add. 24189, f° 15. © AKG.

Résurrection des morts.
De Consideratione novissimorum, vers 1420. Paris, Bibliothèque Mazarine, ms. 969, f° 1.
© IRHT-CNRS.

 # Les revenants

Les revenants n'ont pas de chance : alors que l'Église médiévale a si souvent soutenu l'existence du Diable, des anges et des démons, elle refuse l'idée de la présence des revenants dans notre monde. Au mieux, il s'agit de simples visions et, de toute façon, un lieu leur est attribué : le Purgatoire où les âmes errantes attendent leur tour d'être jugées.

Contrairement à ce qu'on pourrait croire, cette impression de la présence de revenants ou d'esprits ne provient pas de quelques esprits illuminés. Au Moyen Âge, comme le remarque Jean-Claude Schmitt, « les morts sont proches des vivants ». Un exemple parmi d'autres, la place du cimetière : loin d'être en périphérie, comme c'est le cas généralement à notre époque moderne, il se trouve alors au centre de la communauté. On ne cesse d'évoquer la mémoire des morts, de prier pour le salut de leur âme, parfois longtemps après leur décès. Cela à une époque où la frontière entre le visible et l'invisible, entre l'au-delà et le terrestre, est assez ténue. Aussi bien pour des motifs d'affectivité que pour d'autres plus proches du morbide, bien des personnes se complaisent dans l'idée qu'ils ont reçu un message de l'Au-Delà, que tel proche disparu ait figuré dans un rêve, ou même dans un couloir du manoir ou dans la chambre d'une maison. S'agissant des superstitions populaires, on peut dire que celle concernant les revenants remporte le plus de suffrages, le plus de conviction.

Comme le remarque Danièle Alexandre-Bidon, « les fantômes ne font pas tous peur, mais il est redoutable d'en devenir un : c'est la preuve d'une mort imparfaite, où le fidèle est resté piégé à mi-chemin de l'Au-Delà pour n'avoir pas mis en ordre ses affaires spirituelles ou temporelles ». C'est justement la raison pour laquelle ce fantôme peut provoquer la crainte : ce n'est pas le revenant en soi qui fait peur, mais plutôt le motif qui le fait revenir ! Il peut en effet exiger d'un client qu'il rembourse ses dettes, ou au contraire d'un de ses héritiers qu'il rembourse ses propres créanciers. Il peut s'en prendre à un rival qui va bénéficier de celle qu'il devait épouser au moment de sa mort. Bref, celui qui doit trouver avantage à une mort ne peut s'empêcher de penser, notamment la nuit, à l'heure où l'on est plus facilement rongé par les remords, que peut-être il lui faudra rendre des comptes avec le disparu.

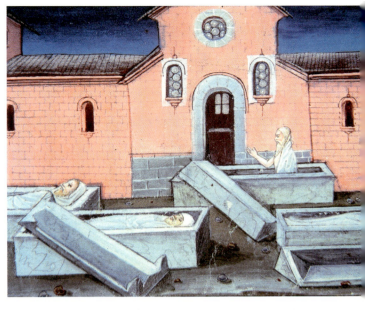

Ci-dessous
Élu sortant de terre.
Rogier Van der Weyden, *Le Jugement dernier* (détail), 1449-51.
Beaune, Hôtel-Dieu. © AKG.

Ci-dessus
Les tombes sont représentées ouvertes lors de la fin du monde.
Codex de Predis, 1476. Turin, Royal Library. © AKG.

plus récalcitrants du fouet. Les possédés jouaient leur partition avec conviction en se débattant et en poussant force cris et blasphèmes. Les habitants sortaient de leur maison pour jouir d'une arrivée aussi spectaculaire. Leurs lazzis, les piaillements des enfants, les aboiements des chiens, parfois la sonnerie des cloches ajoutaient à la confusion générale. »

Inutile de dire qu'une société qui a déjà du mal avec les bossus, les aveugles, les roux et les gauchers, est forcément désorientée par la folie. Tant qu'il s'agit de ce qu'on appelle les simples d'esprit, pour peu que ceux-ci puissent participer au travail familial, notamment dans les champs, il sera accepté ou, plus précisément, toléré. Mais beaucoup plus inquiétants sont les « agités », ceux qui peuvent de temps à autre commettre une bêtise, une dégradation, qui retombe sur la tête de ses géniteurs, de ceux qui en ont la responsabilité. Il faut donc constamment le surveiller – et pendant ce temps-là, le travail n'avance pas. Aussi certaines familles enferment-elles l'enfant fou lorsque la surveillance n'est pas possible. Parfois, ils sont envoyés, contre monnaie sonnante et trébuchante, dans une abbaye. D'ailleurs, l'Église finit

La folie

« La manie, la mélancolie, l'épilepsie, la léthargie ont leurs médicaments, et ce en fort grand nombre : décoctions, infusions, sirops, pilules, ainsi qu'huile, onguents, cataplasmes, emplâtres sur le crâne préalablement rasé, mais aussi sternutatoires pour faire éternuer. » (C. Quétel)

Mais c'est le pèlerinage thérapeutique qui est peut-être la solution la plus en vogue, et qui explique le mieux que cette folie inquiète. Claude Quétel, dans son *Histoire de la folie*, a su décrire le genre de scène de l'arrivée d'un groupe de « fous » dans une ville ou un village. « C'était un tableau haut en couleur et même tout à fait effrayant que celui d'un pèlerinage thérapeutique de la folie au Moyen Âge. Les fous ne venaient évidemment pas seuls, mais solidement accompagnés. Tantôt hébétés, tantôt agités voire furieux, on les poussait, on les portait entravés sur des litières, des brancards ou encore dans des espèces de berceaux préfigurant fâcheusement des cercueils. On menaçait les

Charles VI faillit périr brûlé lors du Bal des Ardents où les costumes des participants prirent feu.
Cet événement aurait contribué à aggraver sa folie.
Jean Froissart, *Chroniques*, vers 1470-75. Paris, BnF, ms. fr. 2646, f° 176.

toujours par intervenir à un moment ou à un autre. La folie, que ce soit la simple névrose, l'hystérie ou, même, l'épilepsie, est identifiée comme un cas de possession du corps par une puissance maléfique.

Quant aux « fous errants », ils sont rejetés de partout : n'ayant personne pour les surveiller ou pour servir de garantie, ils sont craints cette fois-ci non pas seulement pour les désordres qu'ils pourraient susciter, mais pour la violence dont ils pourraient faire preuve.

Dans un cas comme dans l'autre, ce n'est qu'à partir du XVᵉ siècle qu'on peut commencer à parler, surtout dans le Nord de la France, d'« hôpitaux spécialisés ». Par spécialisés, j'entends plus de l'enfermement des fous que de leur guérison. Mais il semble que chaque ville se débrouillait de son mieux et au cas par cas avec cette population, la prison étant malheureusement souvent la seule solution à la disposition des édiles lorsqu'il leur semblait que cette folie pouvait être menaçante.

LE MAL

Nous avons vu toutes les craintes au quotidien que connaissait l'homme médiéval, mais également toutes les peurs plus générales, plus irrationnelles parfois, qu'il devait subir, sans compter celles résultant d'événements ou de phénomènes exceptionnels. Même si certaines de ces craintes peuvent faire sourire aujourd'hui, on remarquera tout de même qu'elles partaient tout de même de faits, peut-être parfois mal compris, mal analysés, mais qui étaient tout à fait réels. La peur du cochon, la méfiance envers tout étranger, la terreur face aux Écorcheurs, l'effroi déclenché par la vue d'une comète, tout cela repose tout de même sur le fait de voir quelque chose d'inattendu, d'inexplicable, de différent.

Bien plus compliquée à analyser est la peur de ce qu'on pourrait résumer par un terme : le Mal. Nous sommes là dans le domaine de la croyance. Le Diable, l'Enfer, l'Apocalypse sont d'abord des peurs, comme dirait Jean Delumeau, organisées par d'autres : ce n'est pas l'homme du commun qui a inventé ces sujets terrifiants ; et je serais tenté de dire que ce n'est pas suite à une rencontre qu'on a pu établir ces mêmes sujets. On est donc là dans un domaine d'autant plus difficile à situer et à analyser qu'ils sont du domaine de l'abstractif et de l'imaginaire, puisque, qu'on y croie ou non, ces éléments du « Mal » ne sauraient être terrestres et présents, mais souterrains, ailleurs et dans un futur non défini. Par conséquent, quoi qu'on dise, la rencontre avec Satan est du domaine de l'exceptionnel, même si on a l'impression qu'il serait toujours parmi nous en train de comploter. L'Apocalypse, c'est peut-être pour bientôt, mais ce n'est pas maintenant, même s'il y a peut-être des signes annonciateurs. Quant à l'Enfer, il est évident qu'il demeure invisible et qu'on ne saurait y avoir accès avant de mourir. Aussi toutes ces craintes reposent-elles sur des convictions que le moindre signe peut confirmer, mais nullement sur des faits du quotidien. Il n'en reste pas moins qu'elles demeurent très présentes dans l'esprit de tout un chacun et que le fait que nous puissions difficilement dire à quel degré ces objets de frayeur occupaient véritablement l'esprit de telle ou telle personne ne doit pas nous dispenser de les évoquer. Si on ne peut pas dénombrer les individus hantés quotidiennement par ces motifs d'angoisse, ils furent certainement nombreux ceux qui les voyaient autrement plus menaçants que n'importe quels Écorcheurs ou peste noire – ou, plus précisément, ces hommes devaient voir ces catastrophes tangibles comme autant de signes avant-coureurs de l'Apocalypse ou de manifestations de la présence du Malin.

La crainte de l'apocalypse

La Bête de la mer, l'une des nombreuses versions du monstre de l'Apocalypse, lui-même version ancienne du diable.
Frère Laurent, *La Somme le Roi*, 1295. Paris, Bibliothèque Mazarine, ms. 870, f° 8. © IRHT-CNRS.

Apocalypse est un mot grec qui signifie « dévoilement ». C'est aussi le titre d'un des textes les plus connus du Moyen Âge, y compris de ceux (les plus nombreux) qui ne savaient pas lire. C'est le dernier chapitre du Nouveau Testament, qui nous dévoile l'avenir inévitable qui attend les hommes : le Millénium et le Jugement dernier. La Terre devra subir les pires cataclysmes, tremblement de terre, soleil obscurci, lune sanglante, le tiers de la terre consumé par les flammes, le tiers de la mer transformée en flots de sang, des millions de sauterelles s'en prenant aux hommes. Alors la Bête (elles sont trois dans certaines versions) arrivera, représentante du Mal auquel succomberont les hommes.

Heureusement, des anges, envoyés par Dieu, se saisiront de la Bête et l'enchaîneront, puis la maintiendront prisonnière mille ans durant. La terre vivra alors une longue période paradisiaque, jusqu'à ce que, ce millénaire (ou Millénium) écoulé, la Bête, ou Satan, sorte de prison et que la lutte du Mal contre le Bien recommence.

Par lui-même, le texte est déjà bien effrayant. Mais il semble que l'idée comme quoi cette millième année n'allait pas tarder à arriver, que le jour du combat du Bien et du Mal, appelé aussi celui du Jugement dernier, était proche, se soit emparée des esprits. Une fois de plus, et peut-être plus encore pour ce sujet que pour aucun autre, il est difficile de dire qui prenait le sujet au sérieux (ou, à tout le moins, y songeait la peur au ventre) de connaître qui attribuait la date à l'an mil après Jésus-Christ et qui savait à quel moment tombait cette année. Jean Delumeau a déjà remarqué, à la suite d'Edmond Pognon et de Georges Duby, qu'une seule personne, au cours

Le diable et les mâchoires de l'enfer avec les damnés.
Psautier d'Henri de Blois, vers 1200. Londres, British Library, ms. Cotton Nero C IV, f° 39. © British Library.

La Mort quitte les tombes lors de la fin du monde.
Codex de Predis, 1476. Turin, Royal Library. © AKG.

du xᵉ siècle, avait écrit un texte sur le thème du millénaire finissant qui allait bientôt laisser la place au Jugement dernier. Les textes sur le Millénium allaient par contre fleurir aux xvᵉ et xviᵉ siècles et comme le rappelle Jean Delumeau : « Est-ce un hasard si c'est au début des temps modernes qu'est née la légende de la peur de l'an mil ? N'a-t-on pas prêté alors aux contemporains d'Othon III [l'empereur qui régnait sur l'Allemagne à la fin du premier millénaire] des craintes qui étaient plus authentiquement et plus largement celles des Européens des xivᵉ-xviᵉ siècles ? »

De ce fait, si nous reprenons les différents thèmes abordés dans le présent ouvrage, nous nous apercevons que tout concorde pour laisser penser qu'à partir du deuxième quart du xivᵉ siècle jusqu'à une période qui va probablement au-delà du Moyen Âge, nous avons affaire à une population qui a sans doute régulièrement à l'esprit l'idée de la fin des temps. Un indice corroborant cette théorie est la présence de l'Apocalypse dans une

Page de gauche
Les quatre cavaliers de l'Apocalypse et les âmes sous l'autel. Il ne faut pas oublier que chacun des cavaliers représente un élément de peur des hommes : les guerres de conquête, les guerres civiles, la famine et les épidémies.
Apocalypse flamand, xvᵉ siècle. Paris, BnF, ms. néerlandais 3, fᵒ 7. © BnF.

œuvre du tout début du xivᵉ siècle que nous avons déjà rencontrée : *Le Roman de Fauvel*. À bien des égards, comme le remarque Armand Strubel, le règne de Fauvel préfigure le retour de l'Antéchrist, cependant que tout le roman semble annoncer le futur catastrophique que les hommes sont en train de se construire.

Puisque les rois sont menteurs
Et les puissants flatteurs,
Que les prélats sont pleins de vaine coquetterie
Et que les membres de la noblesse haïssent l'Église,
Que le clergé est un exemple de vices,
Que les religieux se vautrent dans les plaisirs,
Que les puissants sont dépourvus de charité
Que les marchands manquent à la vérité,
Que ceux qui travaillent sont sans loyauté,
Que les hôtes sont remplis de cruauté,
Les baillis et les juges sans pitié
Et les parents sans véritable amitié,
Les voisins médisants et pleins d'envie,
Les jeunes enfants pleins de malice […]
Je conclus en bonne logique
Que nous sommes proches du moment
Où doit arriver la fin du monde,
Car toutes les formes de méchanceté y surabondent […]
Ainsi, je suis persuadé que l'Antéchrist est venu […]

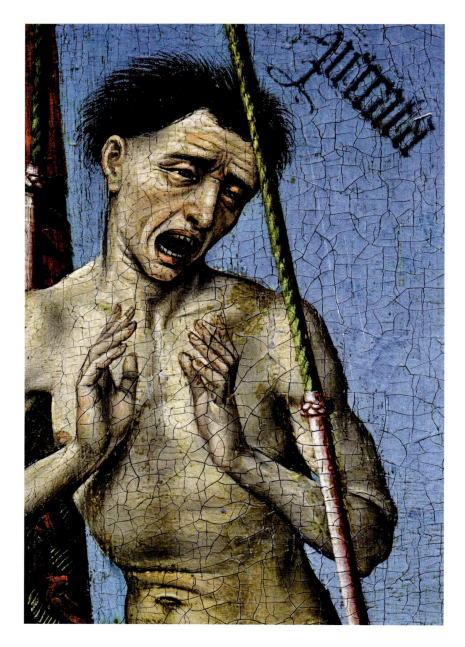

Sans aller jusqu'à prétendre que l'ensemble de la population se met à songer en tremblant au texte de l'Apocalypse, il est certain que la conjonction de la guerre, des raids effectués par les Grandes Compagnies, des ravages de la peste noire, des délires de l'Inquisition, d'un climat manifestement plus mauvais que lors des siècles précédents, sans compter des événements comme le Grand Schisme ou la folie des rois Charles VI de France et Henri VI d'Angleterre, autant de faits ne peuvent qu'assombrir la vision de l'avenir des populations. Une fois de plus, notre vieil ami le Bourgeois de Paris est un excellent exemple de ce que peut penser quelqu'un de cultivé, mais qui n'appartient pas à l'élite : il juge son époque catastrophique, mais n'évoque l'Apocalypse qu'une fois. Il s'agit du 6 juin 1429, lorsqu'il a eu l'occasion d'écouter un prédicateur, disciple du célèbre Vincent Ferrier, lequel prédicateur annonce la fin des temps pour 1430. Le moins que l'on puisse dire est que le Bourgeois, qui prouve dans les pages suivantes qu'il connaît bien le texte de saint Jean ainsi que d'autres versions, ne s'affole pas pour autant. Même s'il croit manifestement aux puissances diaboliques, il semble toutefois considérer que ce sont les affaires humaines qui sont à l'origine de toutes les misères du temps.

La peur du Diable,
des démons et de l'enfer

Le Diable proprement dit n'est apparu qu'au cours du XIe siècle avec cette dénomination et une apparence assez précise. Jusqu'alors, on parlait de la Bête de l'Apocalypse, de Satan, du Mal… désormais, l'ennemi est nommable et identifiable. Identifiable ? Pas si sûr car il peut prendre une apparence humaine. De même pour sa cohorte de démons.

D'où la crainte qui sévit dans toutes les classes sociales : qui prouve que la personne à qui on s'adresse n'est pas le Diable lui-même ? Heureusement, il y a des signes qui ne trompent pas. Malheureusement, comme on a pu le voir, beaucoup de ces signes ont rapport avec la couleur des cheveux (gare au roux !), le fait d'être difforme, d'avoir une tête qui ne corresponde pas aux critères physiques de beauté, d'être gaucher…

Tout cela peut sembler ridicule. Mais il ne faut pas croire qu'on ait inventé le Diable pour le simple plaisir de faire peur. Dans la société médiévale, rien n'existe

Deux démons s'en prennent à un damné sous le regard impassible de Dieu.
Saint Grégoire, *Homélies*, XVe siècle. Londres, British Library, ms. Royal 15 D V, f° 107v. © British Library.

par hasard, tout a une cause. Le surnaturel, principalement la notion de volonté divine, est à l'origine de tout, et donc en premier lieu de ce qui est inexplicable. Un phénomène négatif peut donc provenir de la colère divine ou, pire, des sombres machinations du Diable. La maladie en général et les épidémies, en particulier, sont sans doute les exemples les plus fréquents de situations qui semblent avoir des origines diaboliques : un malade, notamment atteint de la peste noire, peut avoir l'apparence physique et le comportement (dû à ses souffrances) de quelqu'un possesseur d'un esprit démoniaque. « La maladie révèle alors en l'homme la présence de l'animal. L'invasion du corps par la maladie est souvent assimilée à une invasion animale : on est "la proie de", on est "rongé", "dévoré" » (C. Arnould). D'où d'ailleurs le succès croissant de l'exorcisme à partir du XIIIe siècle.

On peut voir le Diable partout. Notre Bourgeois de Paris voit sa main partout, notamment lorsque l'Université de Paris change de camp et s'oppose à une répression des émeutes parisiennes. Toutefois, les expressions « ils sont conseillés par le Diable » ou « ce sont les agents du Diable » reviennent si souvent dans sa plume qu'on ne peut s'empêcher de penser qu'il peut s'agir autant d'expressions toutes faites que de véritable croyance. On ne peut donc qu'approuver Colette

e ettetel fotto chio tozno p anche

Arnould lorsqu'elle suggère de « distinguer entre une image "populaire" du Diable, même au moment de la grande peur, et l'image issue des autorités, plus inquiétante parce que sans faille dans sa rigoureuse logique ».

L'Enfer de Dante. Personne n'en est préservé et l'on y rencontre papes, rois et grands seigneurs.
Dante, *La Divine Comédie*, vers 1440. Paris, BnF, ms. italien 2017, f° 245.

Il est d'ailleurs intéressant de constater (et curieusement, il me semble que cela a été peu relevé par les médiévistes) que deux notions se côtoient : la première qui veut que tous les malheurs de la terre viennent de la colère divine et puissent donc se manifester sans qu'il y ait besoin pour cela de l'intervention du Diable ; la deuxième qui veut que les malheurs et les méfaits proviennent du Diable. Mais Dieu étant à l'origine de tout, le Diable et l'Enfer sont également de ses inventions. Toute la question étant de savoir si, une fois créé, le Diable a eu une existence autonome et est juste là pour « tester » les bons et punir les méchants ; ou s'il n'est

À gauche
Démons entraînant les damnés en enfer.
Speculum humanae salvationis, vers 1470-1480.
Marseille, BM, ms. 89, f° 41v. © IRHT-CNRS.

Ci-dessous
La terrible « gueule » de l'enfer qui est en fait son entrée.
Les damnés y subissent les pires méfaits.
Ermengol de Béziers, *Bréviaire d'Amour*, fin du XIIIe siècle.
Saint-Laurent-de-l'Escurial, Bibliothèque royale de l'Escurial.
© Dagli Orti.

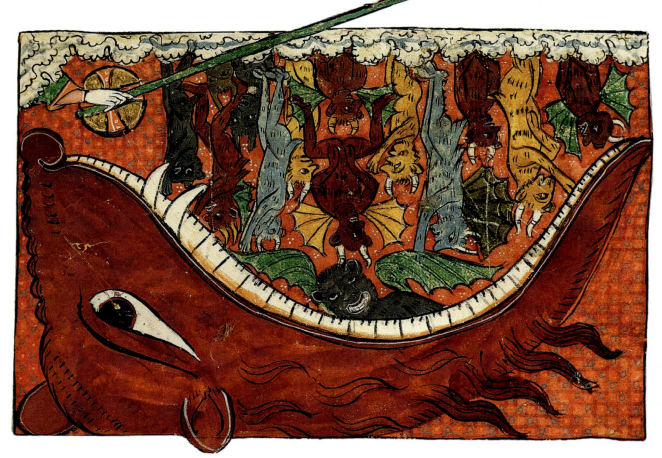

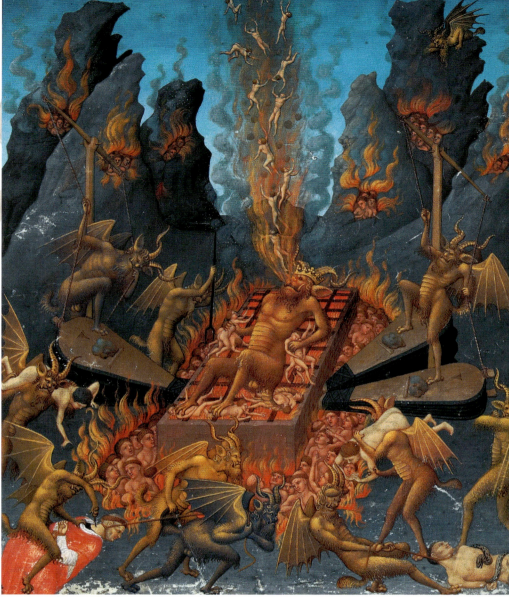

L'enfer par les Frères de Limbourg. Au centre de la composition, Satan est allongé sur un gril gigantesque d'où il saisit les âmes pour les projeter vers le haut par la puissance de son souffle brûlant. Des flammes sortent de lucarnes ouvertes dans les montagnes tourmentées se dressant à l'arrière-plan, où l'on aperçoit d'autres âmes damnées. Au premier plan, deux diables attisent le feu sous le gril à l'aide de trois grands soufflets. D'autres démons font subir des sévices aux hommes qui ont mal vécu, y compris un religieux tonsuré qui porte encore ses vêtements sacerdotaux.
Très Riches Heures du duc de Berry, vers 1413-1416. Chantilly, Musée Condé, ms. 65, f° 108.

qu'un instrument de Dieu, chargé d'infliger des sanctions terribles sur ceux qui ont gravement fauté. Il est clair que, pour bien des personnes, ces deux notions alternent, ne sont pas franchement choisies. Or, choisir l'une ou l'autre, c'est appréhender – et craindre – le Diable de façon très différente. Et comme le rappelle Florence Chave-Mahir, « il finit même parfois, dans les recueils d'*exempla* ou dans les Mystères de la fin du Moyen Âge, par apparaître comme un pantin comique qui se répète beaucoup ».

Par ailleurs, le Diable ne représente qu'un élément de la crainte la plus persistante chez tout être humain au Moyen Âge : celle de l'Enfer. Lieu terrible, situé aux marges du monde ; monde souterrain, peuplé par les créatures les plus abominables et les plus cruelles. C'est le lieu que tout le monde redoute, les grands de ce monde comme les petites gens. Peu importe pour quelle faute on se retrouve en Enfer : les tortures seront les mêmes pour toutes, et pour l'éternité. Seules les prières des vivants pourront peut-être, à l'heure du Purgatoire, éviter à une âme suspecte d'aller en un tel endroit. D'où, à l'approche de la vieillesse, les nombreuses reconversions, changements de comportement : pour les plus riches, cela peut aller jusqu'à la création d'une abbaye dans laquelle le pécheur se retirera pour finir son existence dans la mortification la plus complète.

L'Inquisition était-elle vraiment redoutée ?

Au-delà même de ses pratiques, qui sont finalement souvent les mêmes que celles de juges civils (l'arrestation arbitraire, l'interrogatoire accompagné de tortures), ce qui fait que l'Inquisition est particulièrement redoutée, c'est qu'elle n'a de comptes à rendre à personne – même pas au pape. Disposant, sur la demande de ce dernier, de pouvoirs déjà exceptionnels, elle a fini par s'octroyer une autonomie qui fait que toute personne tombant entre les mains des agents de l'Inquisition n'a de chance d'être libérée que si ceux-ci la déclarent innocente. Inutile de dire que l'arrivée de l'Inquisition dans une ville provoque une grande frayeur, y compris si l'on a la conscience tranquille : qui dit qu'un voisin jaloux ne va pas vous dénoncer comme hérétique ? Il suffit de deux témoignages pour que vous soyez considéré comme suspect.

On ne décrira pas ici le détail du séjour des suspects dans les bâtiments de l'Inquisition. L'intérêt est surtout de constater que, si l'Inquisition est redoutée, c'est aussi une volonté de sa part. Elle sait que la crainte du bûcher va pousser de nombreuses personnes à se dénoncer spontanément comme hérétiques et à obtenir ainsi une peine très légère pour avoir montré une volonté sincère de revenir dans le droit chemin.

Scènes de tortures inspirées du règne de Frédégonde, mais révélant plutôt les châtiments qu'on faisait subir aux condamnés au XIVe siècle. *Chroniques de France ou de Saint-Denis*, vers 1332-1350. Londres, British Library, ms. Royal 16 G VI, f° 64.
© British Library.

144

Le pape Innocent III fait brûler les hérétiques.
Il fut le premier pape à lutter contre l'hérésie cathare. Ce sera un de ses successeurs, Grégoire IX,
qui créera un tribunal extraordinaire en 1231 ne relevant que de la papauté pour endiguer l'hérésie : l'Inquisition.
Paris, BnF, ms. rés. 5077, f° 360v, 1416.

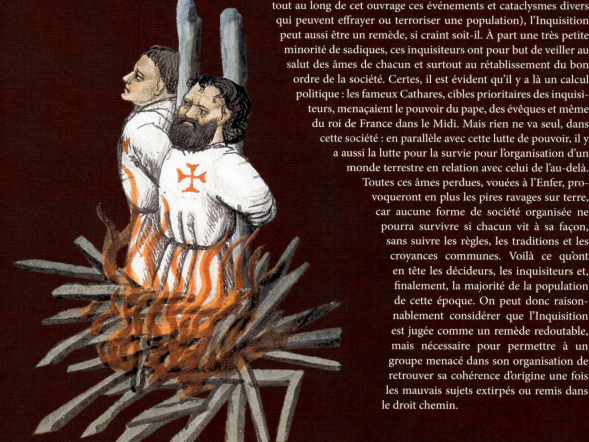

Les Templiers brûlés
au bûcher. Un autre sujet
de terreur au Moyen Âge :
les arrestations, procès
et exécutions dues à
l'Inquisition.
Jean Boccace, *Des cas
des nobles hommes et femmes*,
vers 1479-1480. Londres,
British Library,
ms. Royal 14 E V, f° 492v.
© British Library.

Pour des raisons dramaturgiques évidentes, les romans et fictions qui parlent de l'Inquisition font d'abord souvent une confusion entre l'Inquisition espagnole, qui s'organise à partir de la fin du XVe siècle (et qui, elle, fut véritablement abominable et pouvait brûler des centaines de personnes en une semaine) et celle, dans le Midi de la France, qui sévit principalement au cours du XIIIe siècle. Ces mêmes fictions ne montrent aussi que les pires côtés de la situation : des témoins intéressés qui pratiquent des dénonciations calomnieuses, les rumeurs malveillantes et des inquisiteurs sadiques. Or, si l'on examine par exemple le cas de Bernard Gui, rendu tristement célèbre par *Le Nom de la Rose* d'Umberto Eco, on se rend compte que dans la réalité, cet homme fut nettement moins sanguinaire que ne le donne à penser le roman.

On oublie souvent que, dans cette société qui doit faire face régulièrement soit à la colère divine, soit aux maléfices du Diable (nous avons vu tout au long de cet ouvrage ces événements et cataclysmes divers qui peuvent effrayer ou terroriser une population), l'Inquisition peut aussi être un remède, si craint soit-il. À part une très petite minorité de sadiques, ces inquisiteurs ont pour but de veiller au salut des âmes de chacun et surtout au rétablissement du bon ordre de la société. Certes, il est évident qu'il y a là un calcul politique : les fameux Cathares, cibles prioritaires des inquisiteurs, menaçaient le pouvoir du pape, des évêques et même du roi de France dans le Midi. Mais rien ne va seul, dans cette société : en parallèle avec cette lutte de pouvoir, il y a aussi la lutte pour la survie pour l'organisation d'un monde terrestre en relation avec celui de l'au-delà. Toutes ces âmes perdues, vouées à l'Enfer, provoqueront en plus les pires ravages sur terre, car aucune forme de société organisée ne pourra survivre si chacun vit à sa façon, sans suivre les règles, les traditions et les croyances communes. Voilà ce qu'ont en tête les décideurs, les inquisiteurs et, finalement, la majorité de la population de cette époque. On peut donc raisonnablement considérer que l'Inquisition est jugée comme un remède redoutable, mais nécessaire pour permettre à un groupe menacé dans son organisation de retrouver sa cohérence d'origine une fois les mauvais sujets extirpés ou remis dans le droit chemin.

Expulsion des Cathares de Carcassonne. Le siège de Carcassonne par les croisés, sous le commandement de Simon de Montfort,
fut suivi de la capitulation de la ville le 15 août 1209.
Grandes Chroniques de France, 1415. Londres, British Library, ms. Cotton Nero E II, f° 20v.
© British Library.

À gauche
Le massacre des Jacques à Meaux
est une scène représentative de la violence
du XIVe siècle. Ces paysans révoltés sont
taillés en pièces et jetés dans la Marne par
Gaston de Foix et le captal de Buch, en 1357.
Jean Froissart, *Chroniques*, vers 1470-75. Paris,
BnF, ms. fr. 2643, f° 226v.

Page de droite
Le fait de donner un physique à la Mort
et, en plus, de la représenter sur une carte
à jouer aide-t-il à la désacraliser ?
Carte de tarot divinatoire, vers 1450.
New York, Pierpont Morgan Library. © AKG.

Bibliographie

• BOÈCE, *La Consolation de Philosophie,*
éd. C. Moreschini, Le Livre de Poche,
« Lettres gothiques », 2005.
• *Journal d'un Bourgeois de Paris,* éd. C. Beaune,
Le Livre de Poche, « Lettres gothiques », 1990.
• LORRIS, Guillaume de, et MEUNG, Jean de,
Le Roman de la Rose, éd. A. Strubel, Le Livre de Poche,
« Lettes gothiques », 1992.
• MÉZIÈRES, Philippe de, *Songe du Vieux Pèlerin,*
éd. J. Blanchard, Pocket, « Agora », 2008.
• *Le Roman de Fauvel,* éd. A. Strubel, Le Livre
de Poche, « Lettres gothiques », 2012.
• RUTEBEUF, *Œuvres complètes,* éd. M. Zink,
Le Livre de Poche, « Lettres gothiques », 2005.

• ALEXANDRE-BIDON, Danièle,
La Mort au Moyen Âge, Paris, Hachette, 1998.
• ARNOULD, Colette, *Histoire de la sorcellerie,* Paris,
Tallandier, 1992.
• BASCHET, Jérôme, *La Civilisation féodale
de l'an mil à la colonisation de l'Amérique,* Paris,
Flammarion, 2006.
• BERTRAND, Pierre-Marie, *Histoire des gauchers
en Occident,* Paris, Imago, 2008.
• CHAVE-MAHIR, Florence, *L'Exorcisme des possédés
dans l'Église d'Occident (x^e-xive siècle),* Turnhout,
Brepols, 2011.
• DELUMEAU, Jean, *La Peur en Occident,* Paris,
Fayard, 1978.

• FERRIÈRES, Madeleine, *Histoire des peurs
alimentaires,* Paris, Le Seuil, 2002.
• FOSSIER, Robert, *Ces gens du Moyen Âge,* Paris,
Fayard, 2007.
• GIMPEL, Jean, *La Révolution industrielle
au Moyen Âge,* Paris Le Seuil, 1975.
• GONDOIN, Stéphane-William, *Les Château forts,*
Cheminements, 2005.
• GONTHIER, Nicole, *Le Châtiment du crime
au Moyen Âge,* Rennes, PUR, 1998.
• HEERS, Jacques, *La ville au Moyen Âge,* Paris,
Fayard, 1990.
• IVANOFF, Xavier, *La Sorcellerie médiévale,*
Asnières, JMG éditions, 2008.
• MOLLAT, Michel, *Les Pauvres au Moyen Âge,*
Paris, Complexe, 1978.
• PASTOUREAU, Michel, *Une histoire symbolique
du Moyen Âge occidental,* Paris, Le Seuil, 2004.
• QUÉTEL, Claude, *Histoire de la folie, de l'Antiquité
à nos jours,* Paris, Tallandier, 2009.
• RENAUD, Jean, *Les Vikings en France,* Rennes,
Éditions Ouest-France, 2007.
• SCHMITT, Jean-Claude, *Les Revenants.
Les vivants et les morts dans la société médiévale,*
Paris, Gallimard, 1994.
• VERDON, Jean, *Le Moyen Âge. Ombres et lumières,*
Paris, Perrin, 2005.
• VERDON, Jean, *La Nuit au Moyen Âge,* Paris,
Perrin, 1998.

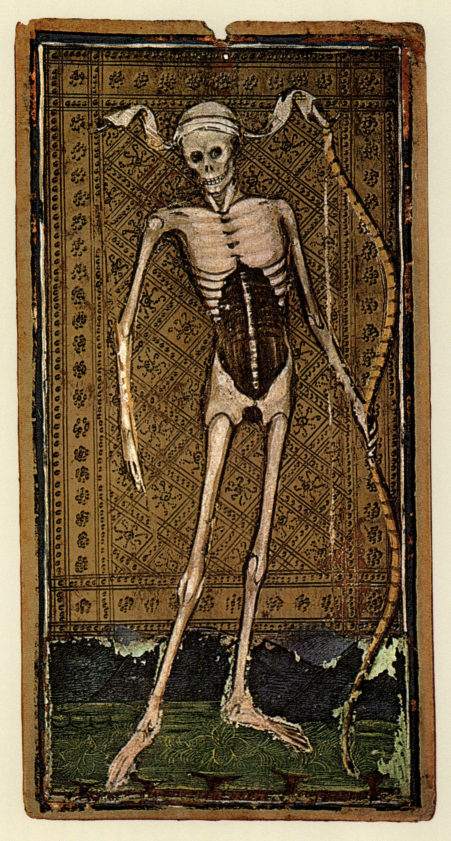

TABLE DES MATIÈRES

En haut
Scène de guerre tirée de la *Bible de Maciejowski* : la cité d'Aï est prise et son roi exécuté.
Les paraboles religieuses et les enluminures sont une autre façon de découvrir comment sont abordés les thèmes de la peur.
Bible de Maciejowski, vers 1245. New York, Pierpont Morgan Library, ms. M638, f° 10v.

Roue de la Fortune.
Christine de Pisan, *Épître d'Othéa à Hector*, vers 1410-1412. Londres, British Library, ms. Harley 4431, f° 129.
© British Library.

Editions OUEST-FRANCE
Aix-en-Provence - Lille - Rennes

Éditeur **Anne Cauquetoux**
Coordination éditoriale **Solenne Lambert**
Collaboration éditoriale **Claire Villeneuve**
Conception graphique et mise en page **Brigitte Racine**
Photogravure **graph&ti, Cesson-Sévigné (35)**
Impression **Gibert Clarey, Chambray-lès-Tours (37)**

© 2013, Éditions Ouest-France, Édilarge SA, Rennes
ISBN 978-2-7373.5975.0
N° d'éditeur 7079.01.03,5.10.13
Dépôt légal : octobre 2013

Imprimé en France
www.editionsouestfrance.fr